I0257358

LA

PÉNÉLOPE

NORMANDE

PAR

ALPHONSE KARR.

2

PARIS
ALEXANDRE CADOT, ÉDITEUR,
37, RUE SERPENTE.

1855

LA

PÉNÉLOPE NORMANDE.

EN VENTE :

G. DE LA LANDELLE

L'Eau et le Feu.	2 vol.
Le château de Noirac.	2 vol.
Honneur (l') de la Famille.	2 vol.
Les Princes d'Ébène.	5 vol.
Falkar le Rouge (suite aux *Princes d'Ébène*).	5 vol.
Le Morne aux Serpents.	2 vol.
Les Iles de Glace.	4 vol.
Une Haine à Bord.	2 vol.
Gorgone (épuisée).	6 vol.

MARQUIS DE FOUDRAS

Un grand Comédien.	3 vol.
Un Drame en famille.	5 vol.
Suzanne d'Estouville, (2ᵉ éd. form. Charpentier).	2 vol.
Le Chevalier d'Estagnol.	6 vol.
Diane et Vénus.	4 vol.
Madeleine Repentante.	4 vol.
Un Caprice de grande dame (format Charp.)	3 vol.
Un Capitaine de Beauvoisis.	4 vol.
Jacques de Brancion.	5 vol.
Les Gentilshommes chasseurs.	2 vol.
Les Viveurs d'autrefois.	4 vol.
Les Chevaliers du Lansquenet	10 vol.
(En collaboration de Xavier de Montépin.)	
Madame de Miremont.	2 vol.
Lord Algernon (suite de *Madame de Miremont*)	4 vol.
Le Capitaine La Curée.	4 vol.
La comtesse Alvinzi.	2 vol.
Tristan de Beauregard (in-18 format Charpentier)	1 vol.
Un amour de Vieillard.	3 vol.
Les Veillées de Saint-Hubert.	2 vol.

JULES SANDEAU

Catherine.	2 vol.
Valcreuse.	3 vol.
Fernand.	1 vol.
Mlla et Marie.	2 vol.
Vaillance et Richard.	1 vol.
Le docteur Herbeau.	2 vol.
Marianna.	2 vol.

Impr. de Munzel frères, à Sceaux.

LA PÉNÉLOPE

NORMANDE

PAR

ALPHONSE KARR.

2

PARIS
ALEXANDRE CADOT, ÉDITEUR,
37, RUE SERPENTE.

1855

I

« Férouillat s'en alla en écumant; l'air froid et ironique de René lui faisait paraître un peu cher le commandement de la *Belle-Noëmi*. — La réflexion cependant le calma. — En vrai Normand, il n'avait pas parlé de l'arme qu'il se proposait de choisir. — Il se piquait d'être de première force au sabre, arme peu familière aux bourgeois, et l'incertitude où il laissait M. de Sorbières l'empêchait d'avoir l'idée de s'exercer ; il se considérait donc comme parfaitement sûr de sa vengeance, et il choisissait en espérance quelle partie de son adversaire il aurait le plus de plaisir à entamer. — Il ne put rendre compte de sa négociation à Noëmi que par un signe. — Il déjeuna avec Hercule, qui l'emmena au Havre pour présider au déchargement du navire. L'aspect de la *Belle-Noëmi*, ravissante goëlette, en effet, d'une marche supérieure, le séduisit comme marin ; la riche cargaison qu'elle recélait dans ses flancs l'enivra comme marchand ; il ne trouva plus rien trop cher pour payer le commandement du navire et les espérances de fortune qu'il entrevoyait. Le capitaine d'Apreville ne lui parla de rien, — mais paraissait se complaire à son admiration, que le rusé Normand Férouillat avait soin de faire porter beaucoup plus sur les qualités de la goëlette que sur la valeur des marchandises, — de quoi l'autre Normand, non moins rusé, n'était nullement dupe.

« Pendant ce temps, Noëmi — alla chez René.

« — Monsieur, lui dit-elle, après demain, si vous le voulez, vous saurez, à n'en pouvoir douter, que la femme que vous avez aimée a été plus malheureuse que coupable.

« — Je n'ai envie de rien savoir, Madame.

« — Je n'insisterai pas, Monsieur ; vous saurez seulement qu'après demain j'aurai ces preuves entre les mains. Peut-être un sentiment de justice, le désir de ne pas avoir trop mal placé votre amour, vous inspireront la pensée de me les demander. Je ne vous en reparlerai pas. Je viens vous avertir que vous pouvez, avec un peu de complaisance, m'empêcher d'être perdue. Il faut que l'on vous voie quelquefois chez moi ; votre disparition inspirerait tout naturellement des soupçons... Ne me croyez pas lâche cependant. Vous ne m'aimez plus, vous ne pouvez plus m'aimer !... Si vous m'aimiez, peu m'importerait le hasard d'une révélation ; mais, puisque vous ne m'aimez plus...

« Elle donna à René le temps de l'interrompre, mais il n'en fit rien.

« — Puisque vous ne m'aimez plus, il faut que je m'occupe de mon enfant ; il faut que j'écarte de l'esprit de M. d'Apreville des soupçons qui le rendraient bien malheureux. Vous avez promis de venir dîner aujourd'hui à la maison ; vous y viendrez, n'est-ce pas ?

« — Si cela vous est utile, Madame.

« — Merci ! Monsieur.

« Noëmi avait déjà écrit à Julie Quesnel de lui envoyer le plus promptement possible les lettres où elle lui avait parlé de son désespoir et de ses sentiments haineux contre Férouillat, lorsqu'elle avait commencé à aimer M. de Sorbières. — Ces lettres, portant le timbre de la poste, étaient en effet une preuve qu'il n'y avait pas eu trahison de la part de Noëmi contre René. Elle aimait René, et ne renonçait pas à son amour; cependant la vie opulente, la vie de luxe que lui rapportait Hercule d'Apreville enivrait son imagination, — elle ne voulait pas perdre sa position; les femmes de bonne foi comprendront ici un détail que les autres nieront avec colère, et qui étonnera certains hommes : — de riches étoffes des Indes qu'elle trouva en rentrant chez elle et que le capitaine d'Apreville avait envoyées de la cargaison de la *Belle-Noëmi*, lui montèrent à la tête; elle vit ces étoffes façonnées en robes, elle en rêva les plis : — elle se dit bien qu'elle serait ainsi charmante aux yeux de René, mais cependant elle n'osa pas se demander si elle renoncerait à ces robes pour René. D'ailleurs ces robes la transportaient en esprit à Paris, dans les bals, dans les fêtes ; — tout se traduit en robes pour les femmes et — la robe oblige ; — une fois qu'on a une robe qui ne peut se mettre que dans certaines circonstances, on appelle ces circonstances, quelles qu'elles soient, des vœux les plus ardents. On les fera arriver malgré tout le monde, malgré la nature entière.

« Une femme, — une blonde, — le noir leur va si bien, — à laquelle on ferait voir un vêtement de deuil nouveau, coquet, élégant, — regarderait avec impatience si quelqu'un ne va pas bientôt mourir dans sa famille, — elle découvrirait sans chagrin des signes funestes sur les visages. — S'il existait une très-belle robe, une robe d'une splendeur hors ligne, que l'on ne pût mettre que pour aller à l'échafaud, il ne manquerait pas de femmes qui feraient en sorte de mettre cette robe.

« J'ai vu une femme faire marier des gens qui ne s'aimaient pas avant les noces et qui se sont détestés ensuite toute leur vie, parce qu'elle avait une certaine robe qui ne se pouvait endosser convenablement que dans une solennité de ce genre, la maîtresse de la robe n'allant pas dans le monde.

« Une autre a forcé son mari d'abandonner une grande exploitation en Afrique, laquelle les faisait vivre dans l'aisance et leur assurait une fortune, pour venir tenter en France les chances incertaines d'une nouvelle affaire, — parce qu'elle avait reçu en présent, d'un parent négociant, un magnifique manteau de fourrures qu'elle voulait avoir occasion de porter. »

René de Sorbières à Augustin Sanajou.

« J'ai eu plusieurs fois occasion de penser que, si on faisait scrupuleusement un compte avec les femmes que l'on a aimées, si l'on inscrivait avec l'exactitude que vous mettez dans vos livres, vous autres négociants, par *avoir* et *doit*, les plaisirs qu'elles nous donnent et les chagrins qu'elles nous causent, la *balance s'établirait*, comme vous dites, singulièrement à *la charge* de l'amour.

« Quand on voyage, tous les pays, presque, paraissent charmants.

« Il suffit d'un rayon de soleil qui tombe sur la mousse qui recouvre de son manteau de velours le plus pauvre toit de chaume, pour rendre ce toit de chaume cent fois plus beau que le Louvre, pour faire croire qu'aux deux coins du foyer, dont on voit à la fin du jour monter la fumée lente et bleuâtre, sont des gens qui s'aiment fidèlement.

« On envie le pâtre qui ramène ses troupeaux des landes à l'étable.

« On envie le laboureur qui, sur la colline, avec ses bœufs et sa charrue, se détache en silhouette noire sur le ciel empourpré par le soleil levant.

« Il semble que là est le bonheur.

« Les habitants sont pour vous curieux et avides ; cela a l'air pendant quelques jours d'être un accueil bienveillant et une tendre sympathie.

« Mais, si l'on séjourne pendant quelque temps, on ne tarde pas à voir tout cela, non pas se transformer, mais reprendre sa vraie forme, — et on est forcé de résumer ainsi ses impressions définitives :

« Il y a quelque chose de trop dans tous les pays : les habitants.

« Il faudrait ne s'arrêter que quelques jours, que quelques heures, et on s'en irait en disant : — Ces bons villageois ! — ou toute autre niaiserie équivalente.

« Il en est de même de l'amour : il faudrait l'écrémer ; — mais, si vous voulez boire jusqu'au fond du vase, vous risquez de trouver du petit lait aigre.

LA PÉNÉLOPE NORMANDE. 13

« Il faut faire l'amour comme on mange du poisson, ne pas avaler les arêtes.

« Certes, j'ai été amoureux de Noëmi.

« Bien plus, je vais te dire à toi ce que je ne me dis pas tout à fait à moi-même.

« Je suis encore amoureux d'elle ; — le plaisir que j'ai à la haïr, à la mépriser, — à riposter douloureusement à ses perfidies, est encore de l'amour.

« Tant qu'on hait, on aime encore.

« Elle prétend que certaines lettres..... Tiens, voici qu'on m'en apporte une d'elle.

« Cette lettre contient celles qu'elle écrivait à une de ses amies lorsque je commençais à m'occuper d'elle.

« Voici d'abord sa lettre :

Noëmi d'Apreville à René de Sorbières.

« Voici, monsieur, des lettres que j'avais écrites à une amie, et que je ne pensais pas devoir jamais être remises sous vos yeux, car elles contiennent une révélation que j'aurais voulu vous épargner, fût-ce même aux dépens de ma vie.

« Vous verrez, monsieur, si vous daignez

les lire, que je ne vous ai pas trahi, — que du jour où je vous ai dit : — Je vous aime, — j'ai repoussé opiniâtrément, au risque des dangers que pouvait me faire courir sa haine, les emportements de cet homme si indigne de moi, et qui, je le crains, m'a rendue indigne de vous.

« Hélas ! monsieur, savais-je que j'aimerais un jour, et que je vous aimerais ?

« Pourquoi n'êtes-vous pas venu plus tôt !

« Je ne vous demande pas de me rendre votre amour, monsieur, dont je porterai éternellement le deuil dans mon cœur, — mais, si vous m'abandonnez, que ce soit parce que je m'étais déshonorée, avant de vous connaître, par une faute sans prétexte, mais que ce ne soit pas parce que je vous ai trahi.

« J'ai bien souffert, monsieur, de cette flétrissure; mais l'amour que j'étais si heureuse de ressentir, et dont je vous devais la connaissance, me semblait une flamme si ardente qu'il me paraissait pouvoir me purifier et me rendre digne de vous.

« Je m'étais laissée aimer, mais je n'ai aimé que du jour où je vous ai rencontré...

« Je m'arrête, monsieur; je n'ai voulu que me justifier sur un point, et je me laisserais aller à vous peindre ce que je souffre et à exciter votre pitié. Dites-moi un mot, un seul, le dernier, que je sache que vous m'abandonnez parce que j'ai eu le malheur de ne pas vous attendre, de ne pas deviner le sentiment céleste que vous deviez seul m'inspirer, mais que vous ne m'accusez ni de trahison ni de perfidie.

« Ensuite, monsieur, vous ne me verrez plus, je me prêterai au désir qu'a M. d'Apreville, que j'ai eu moi-même autrefois, d'habiter Paris, et vous ne serez exposé que par des hasards peu probables à rencontrer une femme qui bénira toujours votre souvenir en reconnaissance des richesses que vous lui avez fait découvrir dans son cœur.

« NOÉMI. »

Post-scriptum de l'auteur. — Il va sans dire que madame d'Apreville avait fait un triage intelligent dans celles de ses lettres que lui avait renvoyées Julie Quesnel.

Suite de la lettre de René de Sorbières à Augustin Sanajou.

. . . .

« Ah! oui, — pourquoi ne suis-je pas venu plus tôt! — Eh! mon Dieu! si je n'étais pas jaloux de ce Férouillat, je le serais de son mari.

« C'est horrible, c'est méchant de la part de Dieu de nous avoir mis au cœur des désirs insatiables, un besoin de choses qui n'existent pas. — On ne peut être amoureux d'une femme sans remonter le cours de sa vie. — Il n'y en a pas une qui vous arrive à la fois vierge d'esprit et de corps.

« Une vieille femme de mes amies, qui aime à raconter, c'est-à-dire à se promener avec un ami dans les sentiers vers et fleuris où s'est passée sa jeunesse, — m'a avoué qu'elle avait ressenti son premier amour à l'âge de sept ans.

« Elle a été à sept ans amoureuse, jalouse et désespérée. Quant un garçon, d'une trentaine d'années, qui lui apportait des bonbons et qui la faisait sauter sur ses genoux, s'est marié, — elle s'est renfermée dans sa chambre pour pleurer à sa fantaisie, — pour l'appeler ingrat et perfide.

« Et quand on voit aux Tuileries toutes ces petites filles, — qui, sous prétexte de sauter à la corde et de jouer au cerceau, recueillent les regards des passants et des promeneurs comme elles cueilleraient dans une prairie des paquerettes et des boutons d'or, — quand on se rappelle l'histoire de son propre cœur, on voit que l'amour commence de bien bonne heure -- et ne finit pas, — que c'est la vie, — et que rien n'est plus malheureux et plus absurde à la fois que de vouloir demander à une femme que l'on rencontre, quand elle a vingt-cinq ans, d'avoir comprimé jusque-là les battements de son cœur ; d'avoir attendu pour aimer que, vous, dont elle ne connaissait pas l'existence, il vous plût de venir réclamer ce trésor qu'elle aurait conservé contre tous les efforts. Vous pouviez ne pas venir ; peut-être même, si vous vous étiez su si bien attendu, auriez-vous cru avoir peu d'intérêt à venir. Est-ce que, moi, je n'ai pas été très-amoureux, à dix ans, d'une grande belle jeune fille de vingt-quatre ans qui m'appelait son petit mari et qui m'emmenait partout avec elle ?

« Je lui servais de prétexte, de maintien, de porte-respect. — Me tenant par la main, elle avait l'air d'une jeune femme mariée — avec son enfant.

« On la laissait sortir avec moi, et on ne l'eût pas laissée sortir seule. Je lui rendais possible de rencontrer un monsieur. — Tiens, je sens encore que dans le choix de ces mots : « un monsieur, » pour parler du beau jeune homme très-élégant qui lui faisait la cour, j'ai conservé une sorte de haine contre lui. Quand j'ai appris leur mariage, je me suis cru trahi. — A douze ans, ensuite, n'ai-je pas fait mes premiers vers, que j'écrivais en moyen, — je ne savais pas écrire en fin, — pour ma voisine, que je rencontrais souvent dans l'escalier? Mais déjà plus vicieux, j'étais naturellement plus timide. Je n'osais pas lui donner mes vers. Je les perdais dans l'escalier, que je descendais rapidement devant elle, après l'avoir attendue plusieurs heures ; puis, ensuite, j'avais peur d'elle ; j'évitais de la rencontrer.

« Non, cet amour que nous demandons tous, le premier et le seul de toute la vie d'une femme, il n'existe pas. — Cet amour exclusif n'existe pas non plus. — On peut, pendant un temps, n'aimer qu'un homme, mais on aime l'amour des autres, mais on sent avec plaisir des regards ardents sur son visage. — Mais..... alors, je le demande encore, pourquoi tant de désespoir de ne pas trouver ce qui n'est pas ?

« On ne se désespère pas de ce que les arbres ne sont pas bleu de ciel et lilas comme dans les tableaux de certains peintres du temps de Louis XV.

« On ne se désespère pas de ne pas voir dans les prairies les moutons teints de pourpre ou de safran dont parle Virgile.

« On n'exige pas les arbres ni les moutons des livres et des tableaux : pourquoi exige-t-on l'amour des livres ? — Pourquoi demande-t-on aux femmes d'être autre chose que des femmes ? — C'est qu'une Providence ennemie nous a mis en germe dans la tête et dans le cœur un portrait fantastique impossible. — C'est que nous sommes tous comme Don Quichotte qui cherche une Dulcinée impossible... Certes, Noëmi, femme d'Hercule d'Apreville, maîtresse d'Anthime Férouillat, n'est pas la femme de mes rêves, la femme que j'inventerais ; mais elle est encore la plus séduisante de celles que j'ai rencontrées dans toute ma vie.

« Une femme qui aurait attendu jusqu'à vingt-six ou vingt-sept ans qu'elle a, je suppose, la rencontre de M. René de Sorbières qu'elle ne connaissait pas, dont elle ignorait l'existence, serait à coup sûr une personne peu disposée à l'amour, et dont le cœur ne pourrait guère contenter les ardeurs du mien. — Noëmi ne m'a pas attendu ; mais du jour où elle m'a dit qu'elle m'aimait, elle m'a été fidèle, elle s'est conservée à moi malgré les obstacles et les dangers...

« Mais que dis-je ? J'aurais pu abréger cette longue et inutile lettre — en te disant simplement : — Je l'aime...

« Je l'aime et je souffre — quand je me représente cette femme accueillant les empressements d'un Pérouillat. — Férouillat heureux ! — La haine et la rage s'emparent de moi, — et je me rappelle avec joie que ce Férouillat m'a provoqué ; — que dans quelques jours je le tiendrai au bout d'une épée. — Il faut que je le tue, lui qui a aimé, qui a possédé la femme que j'aime...

RENÉ. »

II

Le dîner chez les d'Apreville fut somptueux et surtout abondant.

Le capitaine avait invité trois autres capitaines au long cours, — qui regardèrent avec une sorte de défiance un homme d'une nature aussi différente de la leur que l'était René de Sorbières.

Les marins ne font pas grand cas des soldats, mais ils les mettent cependant infiniment au-dessus des bourgeois ; — ils mettent une grande distance entre un marin et un soldat ; — mais la distance entre un soldat et un bourgeois est telle que ça ne se mesure pas. Il faut bien qu'il y ait des soldats pour apaiser les querelles des marins dans les cabarets, — et pour garder les arsenaux de la marine et pour quelques autres menus détails. — Les soldats sont plus à plaindre qu'à blâmer, c'est une classe inférieure, mais c'est une classe, tandis que les autres... on ne sait ce que c'est.

Rien n'est si ordinaire que d'entendre un marin dire d'un homme qui lui déplaît : — A quoi ça peut-il servir ? ça n'est ni marin ni soldat.

Ce dîner fut du reste ce qu'est un dîner en Normandie, et probablement dans d'autres endroits que je ne connais pas, — les plats et les bouteilles se succédèrent pendant deux heures.

C'était le commencement.

Cependant la situation de M. de Sorbières n'était pas très facile, — il ne pouvait se mêler en rien à la conversation des marins. — On sait sous quels rapports il connaissait Anthime Férouillat; — il n'eût pas été amoureux de madame d'Apreville, qu'il n'eût pas eu néanmoins d'autre ressource que de s'occuper d'elle; — mais Férouillat s'en aperçut avec colère et Hercule d'Apreville avec inquiétude.

Vers le milieu du dîner, au moment où l'appétit des convives paraît commencer à se ralentir, il est d'usage de leur servir la moitié d'un verre ordinaire d'eau-de-vie qu'on appelle cognac, de tafia ou de genièvre, — cela s'appelle « *faire un trou,* » après quoi l'on sert les grosses pièces de viande et on recommence à manger et à boire de plus belle. — Le *trou* se fit avec du genièvre. René de Sorbières, qui n'aimait pas le genièvre, refusa d'en prendre, — les autre convives, toujours selon l'usage, trinquèrent en choquant leurs verres.

René, qui n'avait rien dans le sien, se trouva naturellement excepté de cette manifestation amicale.

Cela mit encore plus de froid entre lui et le reste de l'assemblée.

Férouillat, s'adressant à un des convives qui avait levé son verre un peu vite pendant qu'on versait, et qui avait bu moins de genièvre que les autres, le traita de *buveur* d'eau, et lui adressa tous les sarcasmes rassemblés depuis des siècles contre les buveurs d'eau.

— Pour Férouillat et pour ses compagnons,

ces sarcasmes s'appliquaient au moins autant à M. de Sorbières qu'à celui auquel ils étaient d'rectement adressés.—Férouillat, se voyant du succès, *alla de l'avant,* comme disent les marins, et il continua à attaquer en apparence son compagnon, en lui faisant des plaisanteries qu'il n'aurait pas adressées à M. de Sorbières, et que sa familiarité avec les marins excusait suffisamment.

René se trouva embarrassé, il ne pouvait se fâcher de paroles qui ne lui étaient pas dites à lui-même; Férouillat eût nié toute intention malveillante, mais il sentait bien qu'il était en ce moment le jouet et le plastron de l'assemblée. — Hercule d'Apreville, dont il était l'hôte, loin de détourner la conversation comme il eut dû le faire, encourageait par un rire un peu forcé les lazzis de ses convives.

René, pour se donner une contenance et feindre de ne pas entendre les attaques dont il était l'objet, se mit à causer presque à voix basse avec Noëmi. Le capitaine d'Apreville s'en émut, et adressa à sa femme deux ou trois observations où la mauvaise humeur n'était pas difficile à discerner ; — il lui reprocha de ne pas surveiller le service, de ne pas donner d'ordres aux domestiques ; il se mit en grande colère à propos ou sous prétexte plutôt de je ne sais quel *fricot* manqué — et s'en prit à elle.

Férouillat ne pouvait qu'appuyer sur le

malheur arrivé au *fricot*, il ne s'en fit pas faute.

Il rappela d'autres circonstances où ce même fricot était délicieux.

René, impatienté, l'appela capitaine Chrysostome. — Un convive demanda l'explication. — Tout le monde rit beaucoup, lorsqu'on sut que c'était à cause de son éloquence que l'on appelait Bouche-d'Or le capitaine Anthime Férouillat, connu dans les deux mondes pour la difficulté de son improvisation.

Anthime, irrité d'être l'objet de la gaîté générale, refusa de trinquer avec M. de Sorbières, — lorsque vint ce moment du festin où chacun ouvrit son cœur sans inconvénients à des voisins qui étaient trop occupés à en faire autant pour entendre un mot de ce qu'on leur disait. — Hercule d'Apreville seul était taciturne, il jetait de temps en temps un coup d'œil inquiet sur sa femme, sur René, sur Férouillat. — Celui-ci surtout n'aurait pas non plus été mauvais à écouter pour quelqu'un qui aurait voulu savoir.

Il parla des gens qui ne buvaient pas, — des *mirliflors*, — des hommes qui avaient de jolies mains comme les femmes, — et qui ne sauraient manier ni un aviron, ni une hache. — René, qui se sentait désigné au moins autant par les regards des autres convives que par les paroles incohérentes du capitaine Férouillat, se laissait impatiemment contenir par de douces paroles de Noëmi. — Celle-ci, inquiète, n'osait quitter la table, quoique, selon son usage, elle l'eût dû faire depuis plus d'un quart-d'heure. — Elle se décida cependant à se lever de table, — lorsqu'elle s'aperçut que d'Apreville s'alarmait de son séjour prolongé ; — alors un des convives porta la santé de madame d'Apreville ; — elle dut choquer contre tous les verres un verre dans lequel elle trempa ses lèvres. — Elle remarqua encore que Férouillat avait évité d'approcher son verre de celui de René, et, au milieu du tumulte des voix, — elle distingua ces paroles prononcées d'un ton ironique par le futur capitaine de la *Belle-Noëmi* : *A la fidèle épouse du capitaine d'Apreville!* — Elle se hâta de quitter la salle, — en jetant un dernier regard destiné à calmer M. de Sorbières qu'elle avait prié de s'en aller un quart-d'heure après elle et de ne pas demander à la voir.

Noëmi partie, on alluma le punch et les pipes.

A peu près au même instant, Mathilde vint dire à Férouillat que madame d'Apreville avait à lui parler.

Et René de Sorbières se levant, pria Hercule de venir un instant avec lui dans l'embrasure d'une croisée.

Là, il lui dit :

— Capitaine, j'ai accepté avec empressement l'invitation cordiale que vous m'avez faite ; — vous êtes mon hôte, — vous ne devez pas souffrir que je sois insulté chez vous. — Le capitaine Férouillat est ivre, et sans motif voilà deux fois qu'il refuse de trinquer avec moi ; — tout le monde l'a remarqué. — Je vous prie de vous charger d'une commission pour lui. — A la première santé qui va se porter, si le capitaine Férouillat ne choque pas son verre contre le mien, — je lui jetterai le punch au visage.

— Vous ne feriez pas cela, monsieur ! dit Hercule.

— Je le ferai, monsieur ; je sais que vous êtes brave, et vous ne trouverez pas mauvais que je fasse ce que vous feriez à ma place. — Si le capitaine Férouillat a quelque sujet de mécontentement contre moi — je suis parfaitement à ses ordres ; — mais ce n'est pas une raison pour qu'il m'insulte chez un ami commun.

— Comment ?... des amis...

— On ne se brouille pas avec les gens qu'on ne connaît pas, capitaine, et d'ailleurs je veux que mes amis qui me connaissent plus que les autres me respectent aussi davantage.

D'Apreville s'inclina en signe d'assentiment ; René lui prit la main et la serra ; — d'Apreville se laissa serrer la main.

Anthime rentra donnant la main à Noëmi. Le capitaine d'Apreville lui fit signer d'aller à lui, et l'emmena dans l'embrasure. Il ne ménagea pas les termes de la commission dont il était chargé pour lui. M. de Sorbières ne lui plaisait pas. Ses conversations à voix basse avec Noëmi pendant le dîner lui inspiraient des inquiétudes. Il n'était prs fâché qu'il eût une querelle avec quelqu'un. Il eût préféré que ce fût avec lui-même. Il savait Férouillat vaniteux et médiocrement endurant. Il était persuadé qu'il arriverait quelque chose qui chasserait M. de Sorbières de la maison.

Quel ne fut pas son étonnement lorsqu'il vit Férouillat, successivement rouge et pâle de colère, répondre cependant, de la voix vibrante et saccadée avec laquelle on lancerait un défi :

— Monsieur de Sorbières se trompe ; je n'ai rien contre lui, et je vais avec plaisir choquer mon verre contre le sien !

— Allons ! répondit d'Apreville, tu as un bon caractère...

Noëmi, voyant tout le monde en place, — se mit debout auprès de son mari, — et dit :

— Pardon ! messieurs, je suis rentrée pour vous proposer une santé que nous avons oubliée.

— D'abord, à la santé de madame d'Apreville ! — cria un des capitaines.

— A la santé de madame d'Apreville ! — hurlèrent tous les autres.

Noëmi laissa mettre du punch dans son verre, et chacun se levant vint trinquer avec elle. — Elle fixa ses regards sur les yeux de

Férouillat, retourné à sa place, fit remplir les verres, — et dit :

— Maintenant, messieurs, à la santé du nouveau commandant de la *Belle-Noëmi*, — du capitaine Anthime Férouillat !

On répondit à ce toast par des acclamations sauvage. — Férouillat ému, — choqua son verre contre celui de Noëmi, puis contre celui de d'Apreville.

René s'était levé, avait fait la moitié du chemin, tendit son verre, et répéta d'une voix calme :

— A la santé du capitaine Férouillat !

Férouillat, pâle comme un mort, jeta un coup d'œil sur d'Apreville et sur sa femme. Tous deux l'observaient avec une expression différente. Il hésita, rencontra les yeux de Noëmi, alla à la rencontre de René, choqua son verre contre le sien, et lui dit :

— Grand merci ! M. de Sorbières.

Puis il vida son verre. Mais en retournant à sa place, sa main crispée sera tellement le verre qu'il éclata en morceaux et qu'il fut blessé. Il entoura son poignet de sa serviette et continua à boire de la main gauche.

Deux personnes seulement s'étaient aperçues de cet accident, d'Apreville et sa femme.

Le capitaine Anthime Férouillat qui passait, en fait de boisson, pour être d'un très-fort jaugeage, but ce soir là plus que de coutume, et quand les autres s'en allèrent un peu plus d'à moitié ivres à une heure du matin, il lui eût été difficile de les suivre ; mais il avait une chambre dans la maison.

D'Apreville, retiré dans la sienne avec sa femme, se promena de long en large, longtemps après que celle-ci fut couchée. — De temps en temps il lui parlait de M. de Sorbières : — elle répondait vaguement et naturellement. — Alors il lui reprocha de l'avoir engagé tout à fait avec Anthime par cette santé qu'elle avait proposée; — mais elle lui fit facilement reconnaître que son intention de donner à Férouillat le commandement de la *Belle-Noëmi* était formelle.

— Pourquoi n'aurions-nous pas ce soir donné cette joie à ton plus ancien ami, au milieu de vos amis à tous deux?

— M. de Sorbières a été très-ennuyeux, dit alors Hercule.

—Je ne crois pas qu'il se soit beaucoup amusé non plus. — Vous étiez tous marins, il ne comprenait pas la moitié de ce que vous disiez. Je m'efforçais de lui parler; mais j'étais avec lui dans la position où il se trouvait avec vous autres. — Je ne pouvais lui parler du monde où il vit et que je ne connais que comme je connais l'Amérique, par ouï-dire.

Hercule ne parla pas de la commission dont René l'avait chargée pour Anthime. — C'était un triomphe pour M. de Sorbières, il n'avait aucune envie d'y faire assister Noëmi.

Alors il grommela sur divers autres sujets, — sur le fricot manqué, — sur le vin de Bordeaux qui n'était pas assez chaud et sur le vin de Champagne qui n'était pas assez froid.

— sur le service de Mathilde que, d'ordinaire, il défendait avec opiniâtreté, lorsque Noëmi avait à s'en plaindre.

Noëmi fit semblant de dormir. — Hercule se coucha, ne trouvant plus personne à quereller, et les deux époux passèrent la nuit, — Noëmi tapie dans la ruelle, — Hercule suspendu au bord du lit. — Ils ne fermèrent l'œil ni l'un ni l'autre, — chacun des deux croyant l'autre endormi.

Hercule était jaloux et inquiet.

Noëmi, fort troublée de cette inquiétude, cherchait les moyens de la dissiper sans renoncer à René de Sorbières.

Il est presque inutile de dire ce qui s'est passé entre Férouillat et Noëmi lorsque celle-ci avait fait demander le capitaine par Mathilde, — du moins, je ne le rapporterai que sommairement. — Noëmi avait fait de vifs reproches à Férouillat de son attitude vis-à-vis de René. — Vous amènerez un éclat, lui avait-elle dit; — mais je vous renouvelle mon serment de vous perdre avec moi, — ou plutôt de me servir de votre perte pour me sauver. — Au contraire, réparez votre sottise, — je vais rentrer et à la fois vous donner une occasion d'être poli à l'égard de M. de Sorbières et engager formellement Hercule avec vous.

Après quelque hésitation, Férouillat, dont

le commandement de la goëlette faisait la fortune, — qui savait Noëmi femme à le perdre en se sauvant elle-même, grâce à son adresse et à l'amour qu'avait pour elle Hercule d'Apreville, — Férouillat, se rappelant que cela ne l'empêcherait pas d'avoir dans peu de temps M. de Sorbières au bout de son sabre, avait pris le parti d'obéir à Noëmi, à la façon dont les tigres apprivoisés obéissent à leurs maîtres, pour lesquels ils ressentent un mélange confus de crainte, de haine et d'appétit.

Au déjeuner, d'Apreville fut taciturne. — Noëmi, parfois en levant les yeux, trouvait attachés sur elle des regards qu'il détournait aussitôt. — Après le déjeuner, il alla à la ville avec Férouillat. — Noëmi essaya de rencontrer René, d'abord elle alla se promener du côté de son jardin, puis elle se détermina à aller chez lui. — Il était sorti depuis le matin, Bérénice ne savait pas quand il rentrerait, — il était allé dans la forêt avec son fusil.

Noëmi lui laissa un billet pour lui recommander de ne pas venir chez elle pendant quelques jours — à cause de l'inquiétude que montrait d'Apreville.

Celui-ci était déjà rentré ; quand elle revint, il fumait à la fenêtre. — Quand il lui demanda d'où elle venait, — sa voix tremblait, — elle répondit qu'elle venait d'aller voir une femme du voisinage qui était malade.

A ce moment, cette femme passait dans la rue. D'Apreville et Noëmi l'aperçurent en même temps. Noëmi se fâcha. — C'est insupportable, dit-elle, tu me fais mentir avec tes questions — parce que je m'ennuie, pendant que tu vas je ne sais où avec ton Férouillat, je vais me promener un peu et prendre l'air ; tu me demandes d'où je viens d'un air tellement sinistre, que j'ai peur, et je te réponds par des mensonges, et quels mensonges ! des mensonges si bêtes, si mal faits, que tu devrais m'en estimer davantage. Une femme accoutumée à mentir s'en tirerait mieux que moi. Hercule ne répondit pas, mais un quart-d'heure après, il dit : — Je t'avais dit, en partant, que je ne voulais pas que tu fisses connaissance avec M. de Sorbières.

— Je t'ai dit comment ça s'est fait... c'est Férouillat qui l'a amené, et comme tout ce que fait Férouillat, ajouta-t-elle ironiquement, est bien fait... d'ailleurs, si cela t'ennuie, il est facile de ne plus le voir, il n'a déjà pas dû beaucoup s'amuser ici — et, si tu veux, je lui dirai que tu ne veux pas que je le voie.

— Pourquoi ne pas lui dire tout de suite que je suis jaloux ?

— Parce que je ne crois pas que tu me fasses cette injure ; — je lui dirai que tu es une espèce d'ours, que la vue d'un nouveau visage t'ennuie et te gêne. — Ah çà! est-ce que tu serais jaloux, par hasard?

Hercule regarda sa femme fixement.

Elle ajouta :

— Ce pauvre M. de Sorbières! il a bien affaire d'une petite paysanne comme moi, lui qui vit dans le grand monde, dans le monde élégant...

— Ce n'est pas que je sois jaloux, mais

je t'ai trouvée un peu trop familière avec lui...

— Qui ! moi ? familière... non, je tâchais de faire en sorte qu'il ne s'ennuyât pas tout à fait autant. — Toi et tes convives vous ne pensiez pas plus à lui que s'il avait été à cent lieues... Aussi il n'est pas certain qu'il revienne... après une visite qu'il te doit pour le diner... s'il vient pendant ton absence, je ferai dire que tu n'y es pas.

— Allons ! des-exagérations à présent... je veux seulement qu'il ne prenne pas d'habitudes dans la maison. Il ne me plaît pas, voilà tout.

D'apreville resta soucieux.

Dans la journée, Mathilde monta une lettre pour Madame, Hercule s'en saisit. — Noëmi, aussi pâle que lui, le laissa faire. — Cette lettre était longue, commençait par des banalités; — il regarda la signature — Julie Quesnel ; — il la donna à sa femme qui n'osa pas la lire devant lui, dans la crainte qu'il ne se ravisât. — En effet, si Hercule avait lu, il n'aurait plus gardé aucun doute, — il était question — fort longuement et de René de Sorbières et de Férouillat ; — lorsque plus tard Noëmi la lut, elle frémit et la brûla ; — elle avait craint un moment que ce ne fût une lettre de René ; elle n'en aurait pas dit davantage que celle de Julie, mais d'Apreville l'aurait lue. Elle prit alors la résolution de brûler également les autres lettres de Julie et celles de René qu'elle avait toutes conservées.

Mais son mari ne sortit pas ; — elle feignit en vain que l'odeur du tabac l'incommodait, espérant qu'il irait, comme il le faisait quelquefois, fumer à un petit taudis, décoré du nom de café, qui était dans le voisinage — mais il éteignit sa pipe.

Le soir elle essaya de le faire coucher avant elle, elle supposa un ouvrage de couture à finir ; — mais Hercule s'obstina à rester. — Tous deux étaient accablés de fatigue, ils n'avaient pas dormi la nuit précédente ;

— ils s'endormaient malgré eux dans leurs fauteuils.

— Hercule, tu dors, mon ami, vas donc te coucher.

— Mais tu n'as pas déjà les yeux si bien ouverts, et ils sont tout rouges.

— C'est qu'au contraire, moi, je ne dors pas, je pense à mes comptes avec Férouillat, — je ne me coucherai pas de si tôt, vas te coucher, toi.

Noëmi prit tout à coup une résolution, et dit :

— Eh bien ! j'y vais.

Elle se leva et alla s'enfermer dans sa chambre avec bruit ; puis elle ressortit tout doucement, monta nus-pieds dans une petite chambre où elle avait caché les lettres et où était la bibliothèque. Elle les prit pêle-mêle dans sa robe, redescendit en toute hâte, s'enferma à double tour, jeta les lettres dans la cheminée et elle mit le feu aux papiers.

Or, si Hercule s'était opiniâtré à rester debout, c'est qu'il voulait précisément chercher dans cette bibliothèque s'il ne trouverait pas des lettres. Il s'était, dans la journée, repenti de ne pas avoir lu la lettre de Julie Quesnel; l'émotion de sa femme l'avait frappé ainsi que le soin qu'elle avait eu de ne pas lire cette lettre en sa présence.

Il se rappelait qu'autrefois sa femme écrivait souvent dans cette petite chambre où lui ne montait jamais, n'ayant jamais lu de livres que ceux qui lui avaient été nécessaires pour ses études et ses examens de capitaine, et quelques journaux qu'il emportait à son bord dans ses voyages, et qu'il lisait en route, mais jamais à terre.

Quand il entendit Noëmi enfermée dans sa chambre, il monta à la bibliothèque, s'y enferma à son tour, et chercha.

Il vit un petit meuble, — sorte de secrétaire sur lequel étaient les objets nécessaires pour écrire ; — un grand tiroir était ouvert et vide, — on eût dit un nid abandonné.

Il soupçonna un moment la vérité, c'est-à-dire que Noëmi avait enlevé les lettres.

Il redescendit à la chambre conjugale.

Noëmi, qui, malgré le soin qu'il avait pris de ne pas faire de bruit, l'avait parfaitement entendu marcher dans la bibliothèque, agitait convulsivement les papiers enflammés pour les faire brûler plus vite. — Des lettres pliées brûlent assez difficilement et lentement ; — proportionnellement à la façon d'un livre relié qui peut rester une demi-heure dans un feu ardent sans être entièrement consumé.

Hercule frappa à sa porte.

— Qui est là, demanda-t-elle ?

— Moi, parbleu ! Qui veux-tu que ce soit ?

— Attends un peu.

— Pourquoi ?

— Parce que...

A cette première réponse de toutes les

femmes, Hercule hésita un moment, puis il dit :

— C'est moi, ouvre.

— Tout à l'heure, mon ami ; je me déshabille.

— Eh bien...

— Mais j'ai l'habitude d'être seule pour me déshabiller.

— Quelle bégueulerie ridicule ! dit d'Apreville, toujours à travers la porte.

— On voit bien que tu viens de passer plus

d'un an avec des négresses qui n'ont pas besoin de se déshabiller.

— Je ne plaisante pas, ces manières-là sont ridicules, ne pas vouloir se déshabiller devant un mari qui va passer la nuit auprès de vous, ce sont des inventions de mijaurée...

— Si vous appelez la décence une invention de mijaurée...

— Allons! ça m'ennuie... Ouvre.

— Dans un instant, retournez en bas, j'ouvrirai la porte, et vous remonterez quand je serai couchée.

— Ah çà ! ouvres-tu ? — ou j'enfonce la porte... Qu'est-ce que tu brûles ?

— Moi ?

— Oui, toi ! Parbleu ! je ne pense pas que ce soit le grand turc qui brûle quelque chose dans la chambre.

— Descendez, et je vais ouvrir la porte.

L'odeur du papier brûlé se répandait très-fort dans la maison. — Il y avait plus de cent lettres, tant de Julie Quesnel que de René de Sorbières ; nous avons eu la discrétion de ne pas les donner toutes au lecteur ; et de plus, dans son trouble, Noëmi avait pris, n'ayant pas le temps de choisir, tout ce qu'elle avait trouvé dans ses tiroirs, y compris quelques cahiers de papier blanc. — A ce moment, d'Apreville, hors de lui, enfonça la porte d'un coup de pied, — et trouva sa femme debout. Cependant elle eut le temps de replacer les pincettes et de se placer d'un bond auprès de son lit.

— Mais qu'avez-vous? dit-elle, êtes-vous fou ou ivre?

Hercule ne répondit pas, et regarda dans la cheminée. Le vent qu'il avait produit en ouvrant aussi brusquement la porte avait fait monter dans la cheminée le tas de papiers brûlés qu'elle contenait; cependant, il en restait encore sur lesquels de petits points de feu couraient comme des étoiles dans un ciel noir.

— Tu vois bien, dit-il, que tu brûlais des papiers.

— Eh bien ! qui vous a dit que je ne brûlais pas des papiers ?

— Mais, toi...

— Pas le moins du monde.

— Tu n'as pas répondu quand je te l'ai demandé.

— S'il fallait répondre à toutes les sottises que vous me dites depuis un quart-d'heure... D'ailleurs, vous savez que je brûlais du papier, ça doit se sentir dans toute la maison.

Hercule fut un peu étonné et hésitant de cette assertion de l'odeur qu'exhalait le papier brûlé : — Elle le savait, pensa-t-il, elle ne le brûlait donc pas en cachette..

Le fait est que Noëmi n'y avait pas songé, et parlait ainsi pour faire naître dans l'esprit de son mari précisément la pensée qui s'y faisait jour.

— Mais, qu'est-ce que c'était que ces papiers?

— D'abord, ça n'était pas des papiers ; c'était un papier.

— Eh bien ! ce papier ?

— Ce papier, c'était la lettre de Julie Quesnel, que j'ai reçue devant vous tantôt.

— Et pourquoi brûlais-tu la lettre de Julie Quesnel ?

— Ah ! vous êtes insupportable... C'est donc un interrogatoire ?

— Précisément, c'est un interrogatoire.

— Eh bien ! je brûlais la lettre de Julie

Quesnel, parce qu'elle m'y disait de la brûler.

— Qui est-ce qui me le prouve?

— Vous n'aviez qu'à la lire quand vous vous êtes permis tantôt de la prendre avant moi.

— Tu me parles d'une singulière manière, Noëmi...

— C'est que vons agissez d'une étrange façon... Je ne sais vraiment, dans votre grossière profession, quelles femmes vous voyez ; mais je veux être, à l'avenir, à l'abri de pareilles invasions. C'est bien le moins qu'une femme puisse être seule dans sa chambre quand il lui plaît. — Dès demain, je vous ferai faire un lit dans la chambre à côté de la bibliothèque.

Hercule restait stupéfait... La jalousie est une telle passion, qu'il vient un moment où, sur la trace d'une trahison, on entrevoit, on pressent une telle jouissance dans la vengeance, qu'on est désappointé de trouver innocente la femme que l'on soupçonnait.

Ce n'était pas même là la situation du capitaine d'Apreville, il croyait non pas avoir découvert l'innocence de sa femme, mais ne pas avoir découvert la preuve de son crime.

A ce moment, les papiers brûlés qui s'étaient envolés dans la cheminée, sous l'explosion du vent qu'avait produite l'effraction de la porte, retombaient en grande partie dans cette même cheminée. — D'Apreville s'en aperçut, et, se rappelant parfaitement que la lettre de Julie Quesnel n'avait qu'une page double, il sut que sa femme mentait, — alors il ne dit plus rien et se coucha. — Elle s'inquiéta de ce silence, et essaya de le rompre par des reproches, mais Hercule lui dit froidement : — Je dors, bonsoir, la suite à demain.

Noëmi se trouva un peu rassurée par cette dernière phrase en forme d'allusion aux feuilletons des journaux, — phrase qu'elle crut facétieuse.

Elle se trompait, Hercule l'avait apprise pendant sa dernière traversée, en lisant un feuilleton où l'auteur du roman avait très-habilement divisé d'assez féroces élucubrations, de façon à toujours faire tomber cette phrase suspensive :

LA SUITE A DEMAIN,

sur une situation terrible, ce qui laissait le lecteur dans une grande anxiété. C'était donc pour le capitaine Hercule d'Apreville une phrase sérieuse et menaçante, sur laquelle Noëmi n'aurait pas pu se tromper, si elle avait vu son visage, ses dents serrées et ses yeux sanglants.

Les deux époux passèrent cette nuit comme la précédente, ayant pour ainsi dire le lit conjugal entre eux deux, et formant une séparation, tant Noëmi était blottie et tapie dans la ruelle et appliquée au mur, tant son mari était suspendu sur l'extrême bord du lit par un tour d'équilibre presque prodigieux.

Cependant Noëmi finit par s'endormir, peut-être à cause de la fausse sécurité que lui avait donnée la phrase littéraire par laquelle le capitaine avait clos la discussion. Quand elle se réveilla, elle était seule, et sa première impression lui causa un mouvement d'effroi ; elle se rappela confusément les lettres, la porte enfoncée, etc., mais ensuite elle se tranquillisa en se rappelant que les lettres étaient brûlées jusqu'à la dernière.

C'était aux premières lueurs du jour que le capitaine s'était levé sans avoir dormi. — Il avait appelé Mathilde qui achevait de s'habiller. — Elle était descendue, et à son aspect s'était écriée : — Jésus ! Maria ! Maître, qu'avez-vous ?

Hercule d'Apreville avait vieilli de dix ans dans cette nuit où il avait acquis la certitude de la trahison d'une femme qu'il aimait passionnément et qui, depuis le jour où il l'avait épousée, était devenue le but unique de sa vie. — Cet amour fanatique et un peu idolâtre était devenu une religion. — Dans son dernier voyage, il avait emporté sans rien dire un vêtement porté par Noëmi. — Il le gardait dans sa cabine et le couvrait de baisers le soir et le matin, en s'endormant et en se réveillant ; — et lorsque les devoirs de son métier, une côte dangereuse, un temps menaçant, ne lui permettant pas de s'endormir, le dispensaient de se réveiller, la première chose qu'il faisait à son premier moment de liberté, quelque harrassé de fatigue qu'il pût être, était de faire ses dévotions à la bienheureuse relique.

Ce qu'il sentait aujourd'hui, c'était une profonde ruine, un grand délabrement du cœur; il lui semblait être dans la vie, comme sur un radeau, sans boussole, sans vivres et sans eau — flottant au hasard sur une mer sans rivage.

— Mathilde, dit-il, mets un de tes fils en vigie — aussitôt qu'il te signalera Férouillat, tu iras au devant de lui, sans le laisser entrer dans la maison, — et tu lui diras de venir, sans s'arrêter un instant, me trouver au café. — Si on te demande ici où je suis, tu n'en sais rien...

— Mais, mon maître, mon pauvre maître, au nom du ciel, qu'avez-vous? jamais, depuis que le monde est monde, un chrétien n'a changé dans une nuit comme vous avez changé, vous êtes malade... Au lieu d'aller au café, il faut vous remettre dans votre lit...

— Dans mon lit! s'écria Hercule, non!

Mathilde le regarda fixement et lui dit :

— Ah! pauvre maître! qu'avez-vous?

— Mathilde, dit-il, je sais tout!

Et cet homme rude et endurci, cet homme brave et fort presque jusqu'à la férocité, cet homme que les marins sous ses ordres prétendaient insensible à la douleur physique, cet homme tomba assis et fondit en larmes.

Puis, tout à coup, se relevant honteux de sa faiblesse :

— Oui, je sais tout... C'est pour cela que je veux causer avec Férouillat.

— Ah ! maître, qu'allez-vous faire ?

— Je veux lui demander conseil...

— Au capitaine Anthime ?

— Oui, certes.

— Est-il donc vrai que vous lui donnez le

commandement de la goëlette, à ce que disent mes fils?

— Oui.

— Maître, sortez tout de suite de la maison, gagnez le petit bois, au fond de la commune, et attendez-moi.

III

Le soir, le capitaine d'Apreville ne rentra pas chez lui, — mais Mathilde annonça qu'il lui avait parlé le matin, et qu'il l'avait chargée de prévenir madame d'Apreville qu'il resterait à la ville à cause de certaines affaires concernant la goëlette.

Noëmi ne fut qu'à moitié tranquillisée. —

Férouillat était venu le matin, et avait été fort surpris de ne pas rencontrer son ami avec lequel il avait pris rendez-vous.

Noëmi le mit sur ses gardes, l'avertit que d'Apreville avait des soupçons; qu'il pourrait bien lui adresser quelques questions directes ou captieuses; qu'il se tînt sur ses gardes et n'oubliât pas que leur faute commune les avait rendus solidaires, et qu'elle ne se perdrait pas sans lui.

Le lendemain, le capitaine d'Apreville rentra avec Férouillat; il embrassa sa femme, et en déjeunant lui dit d'un air souriant :

— Férouillat, je veux faire ma confession devant toi : — tu t'es peut-être figuré qu'après un long et productif voyage, trouvant dans ma maison une charmante femme comme Noëmi, je me suis mis à être très-heureux et à réparer de mon mieux le temps perdu. — Eh bien ! non, — je passe depuis mon retour les jours et les nuits à grogner, à ennuyer ma femme, à l'offenser par des soupçons. Je fais tout ce qu'il est possible de faire pour me rendre odieux. — Je l'espionne, je la questionne sur le moindre incident de la journée ; — je tâche de la mettre en contradiction avec elle-même ; je me permets de prendre et d'ouvrir les lettres qui lui sont adressées. — Tout cela, elle le sait ; mais elle ne sait pas que je suis allé la nuit fouiller dans la table à écrire. — J'aurais mérité d'y trouver quelque chose qui justifiât mes soupçons. — Toute ma conduite est ridicule et injuste ; — et le soir, j'invente des manières de dormir le plus loin possible de ce beau visage-là. — Cela m'humilie beaucoup de dire cela devant toi, mon vieux camarade ; — j'espère que Noëmi me trouvera suffisamment puni par cet aveu et me pardonnera.

Noëmi, qui avait d'abord regardé son mari avec une surprise mêlée d'un peu de défiance, lui tendit la main en souriant ; — d'Apreville baisa cette main — et continua :

— Il faut dire que l'objet de mes injustes soupçons n'était pas un vieux visage tanné comme le tien ou le mien : — c'était le joli

M. de Sorbières, et sais-tu pourquoi ? parce qu'il m'avait semblé que Noëmi causait avec lui avec plaisir.

Belle malice qu'une jeune femme trouve plus de plaisir à jaser avec un homme de son âge qu'avec un vieux loup de mer comme toi et moi ! — Une femme est honnête, vertueuse tant que tu voudras, mais la vertu ne fera pas qu'il ne soit pas plus agréable de regarder un visage frais et jeune, des yeux vifs et brillants, une barbe et des cheveux bruns et bien taillés, — que de regarder des figures ridées, tannées, goudronnées et entourées de chinchilla comme nos vieilles figures. Je t'avoue, mon vieux Férouillat, que, si je pouvais voir autre chose que la figure de

Noëmi, quand elle est là, — et parfois quand elle n'y est pas, — je la voyais aux Antilles en fermant les yeux, — j'aimerais mieux moi-même regarder le visage de M. de Sorbières que ton vieux museau de requin, — quand je dis requin, ma raison cloche sous le rapport des dents, car tu es bien démantelé, mon pauvre vieux.

— Ah çà! dit Férouillat, auras-tu bientôt fini de me débiner comme cela... Parle pour toi, si ça t'amuse, mais moi je suis ton cadet de six ans.

— Il y a plus de six ans que je ne suis plus beau, mon vieux, et tu feras bien de t'y résigner comme moi.

Si nous voulons lutter avec les jeunes gens, — toi et moi, ça n'est pas par la figure ; ça n'est pas non plus par l'éducation et les bonnes manières, et la conversation ; tu comprends comme moi que Noëmi, bien élevée, instruite, élégante, cause plus volontiers avec un jeune homme de sa classe qu'avec nous deux—dont la voix rauque et les paroles peu choisies lui écorchent les oreilles. C'est par la bonté, l'indulgence, que je puis lutter avec ces gens-là. — Eh bien ! je m'avise d'être méchant, jaloux, soupçonneux, bourru, grognon ! — si je n'avais pas pour moi la vertu de Noëmi, je serais un homme perdu, et je n'aurais même pas le droit de me plaindre.

Mais je demande grâce à ma belle Noëmi, je lui promets de ne plus être si ennuyeux que ça ; — elle se dira : — Mon mari est vieux, il est laid...

— Ah ! mon cher Hercule, dit Noëmi.

— Laissez-moi finir, ma chère femme ; mon mari est laid comme Férouillat.

— Ah çà ! dis-donc...

— A peu près aussi grossier que lui, pas élégant, mal élevé ; — mais il est bon, il est indulgent, il m'estime et me respecte ; — il m'aime jusqu'à l'irréligion, car Dieu pourrait se fâcher de ce qu'il n'adore que moi ; il ne

vit, il ne respire que pour moi. — Eh bien!
ça vaut quelque chose.

— Croyez, mon cher d'Apreville...

— Laissez-moi finir ; je lui serai une fidèle épouse ; je l'ai épousé volontairement, il était à peu près aussi laid, aussi grossier qu'à présent ; — car, mon vieux Férouillat, les années ne nous apportent rien de bon, — depuis plus de dix ans, — je suis fâché de t'en donner ta part, mais c'est comme ça ; — il a tenu toutes ses promesses et au delà, — je tiendrai les miennes, je ne le tromperai pas, — je ne dis pas pour un museau pareil au sien, pour un museau comme celui de Férouillat, il n'y aurait pas de mérite et il faudrait être enragée, mais pas même pour un jeune et beau visage... comme celui de M. René de Sorbières ; — il faudrait, pour trahir cet homme que j'ai accepté par un acte de ma volonté, qui m'aime... de toutes ses forces et de toute sa vie, il faudrait que je fusse une misérable et méprisable créature ! — Et Noëmi se disant cela, je suis sauvé et n'ai rien à craindre...

Excepté d'être ennuyeux, bourru, insupportable, ce que je ne serai plus, je m'en donne ma parole à moi-même comme au plus intéressé dans la question.

Cela dit, le capitaine d'Apreville baisa encore une fois la main de sa femme qui était fort troublée.

De son côté, Anthime Férouillat était d'assez mauvaise humeur de la part que son ami Hercule lui avait faite dans ses confessions, et surtout devant Noëmi. Mais le capitaine d'Apreville fit monter deux bouteilles d'un certain vin qui avait particulièrement la vertu de faire prendre à Anthime Férouillat son parti sur beaucoup de choses.

— Il faut que les femmes soient honnêtes, ajouta d'Apreville, mais il ne faut pas cependant leur rendre le métier d'honnête femme trop ennuyeux et les en dégoûter : — il faut donc qu'elles aient un peu de plaisir et de distraction. — D'autre part, quelque surveillance qu'on exerce, quelque espionnage qu'on pratique, on ne réussira pas à ne pas être trompé, si une femme a mis dans sa tête qu'elle vous tromperait.

La défiance, les scènes... à quoi cela peut-il servir ? — On ne découvre rien, et une femme a le droit de se moquer de vous, si elle est coupable, et de s'offenser, si elle est innocente. C'est ce qui m'est arrivé hier au soir ; je n'ai trouvé de preuves ni pour l'innocence, ni pour le crime, et j'ai été violent, ridicule et odieux. Depuis mon retour, cette maison est morne et triste, et ceux qui l'habitent sont bien indulgents, depuis les petits jusqu'aux grands, depuis la maîtresse jusqu'aux domestiques, s'ils s'empêchent de regretter le temps où on ne savait pas où j'étais. — Ce n'est plus cela, je veux que l'on sache à trois lieues à la ronde quand je suis chez moi — par la joie qui régnera dans la maison ; — je veux que, lorsque j'y suis, cette maison soit resplendissante de bonheur, ait un air de fête perpétuel et donne envie d'y entrer.

Ainsi je veux donner un dîner un peu gai, nous aurons nos amis les marins, parce qu'après tout ce sont de bons diables ; — c'est grossier, mais ça a des cœurs d'or, — ça ne trahirait pas un ami pour sauver sa vie, ni même pour gagner sa fortune, n'est-ce pas,

Férouillat? — Nous aurons donc nos marins, mais ils amèneront leurs femmes et leurs filles, et on dansera après le dîner. Nous demanderons à M. de Sorbières s'il n'a pas quelque ami à nous amener. — Ah çà! à propos de M. de Sorbières, puisque c'est toi qui l'a amené ici, Anthime, puisque c'est ton ami avant d'être le nôtre, tu voudras bien ne rien faire pour le chagriner, comme tu as fait l'autre jour en refusant de trinquer avec lui; avec ça que ça n'a pas très-bien fini pour toi, et qu'il t'a fait marcher.

— Comment... marcher! s'écria Férouillat violet de colère, personne ne m'a jamais fait marcher, entends-tu?

— Écoute donc, Férouillat, c'est à moi qu'il a donné la commission... tu sais... mon bonhomme... je t'ai dit de sa part : — Si tu ne trinques pas, à la première occasion qui va se présenter, avec M. de Sorbières, il te jettera son verre au visage, — et alors, quand Noëmi a proposé la santé du nouveau commandant de la goëlette, tu as fait la moitié du chemin pour aller choquer ton verre contre celui de M. de Sorbières, — si tu n'appelles pas cela marcher...

— J'avais mes raisons pour ne pas me faire de querelles avec lui... tu ne crois pas sans doute que ce soit un pareil blanc-bec...

— Non, pas moi, je t'ai vu dans l'occasion,

— mais, si d'autres que moi savaient ce qui s'est passé... Enfin, n'en parlons plus.

Férouillat sortit et alla se promener dans le jardin ; — il marchait vite en se parlant à lui-même.

— C'est vrai, disait-il, Hercule a raison. — J'ai marché, j'ai reculé. — Mais patience ! — Je ne suis pas fâché que, dans sa conscience, Hercule me croie insulté par M. de Sorbières ; il ne cherchera pas ailleurs la cause de notre rencontre le jour où elle arrivera.

Et il compta les jours qui restaient encore pour atteindre l'époque convenue avec René.

Il s'était réservé le choix des armes, et ne disait pas quelle arme il prenait, pour que René n'eût pas la pensée de s'exercer à une arme peu familière aux bourgeois — le sabre, — tandis que lui, Férouillat, depuis ce jour, s'exerçait quotidiennement pendant une heure ou deux avec un prévôt du régiment caserné à la ville.

Depuis la conversation que l'on vient de lire, le capitaine d'Apreville se conforma entièrement au programme qu'il avait annoncé : — Il n'exerça plus aucune surveillance sur la conduite de Noëmi. — Celle-ci fut quelque temps en défiance, mais elle s'encouragea peu à peu ; puis, voyant que son mari ne faisait pas la moindre observation si elle sortait, si elle rentrait même un peu tard, sans dire où elle avait été, — elle fit ce que font les amants en pareil cas, — elle ne recula bientôt devant aucune imprudence, elle profita des absences fréquentes de d'Apreville pour aller voir René chez lui et y passer des heures entières. Hercule alla lui-même faire une visite à René et lui adressa des reproches de ce qu'on ne le voyait plus. — René prétexta des affaires, et bientôt ne se gêna pas pour venir presque tous les jours. — On parla un jour de je ne sais quelle fête qui attirait beaucoup de monde à deux lieues de là. — Noëmi eut envie d'y aller, mais d'Apreville et Férouillat, occupés de l'armement de la goëlette, ne pouvaient l'accompagner : alors Hercule pria René d'accompagner Noëmi et de la conduire à la fête. — Noëmi dit : « Nous emmènerons Esther.

— Hum! hum! fit d'Apreville, c'est quelquefois bien gênant — un enfant.

Cependant Noëmi, qui était parfaitement de cet avis, n'osa pas ne pas l'emmener. Férouillat était stupéfait de voir Hercule si peu soupçonneux ; — il avait cru que le programme promulgué par son ami était une simple boutade, — et ne serait pas suivi ; — sa propre jalousie le rendait furieux ; — il parla d'abord à Noëmi.

— Vous avez tort, dit-il, de me braver à

ce point ; il viendra un jour où ma juste colère fera explosion malgré moi. — Hercule est devenu idiot, il vous laisse vivre publiquement avec M. de Sorbières ; — c'est un scandale...

Puis il glissa quelques mots à d'Apreville lui-même. — Certes, il ne soupçonnait pas Noëmi ; mais il craignait les bavardages. — Noëmi est très-jolie, très-élégante ; elle avait hier une robe neuve ; tout ce que les autres femmes ont pu entendre dire contre elle ce jour-là a dû être accepté comme chose prouvée et irréfragable.

Mais il trouva d'Apreville encore plus décidé que sa femme.

— Allons donc! dit-il, faut-il, pour éviter les *potins* et les bavardages, que je fasse vivre cette pauvre Noëmi comme une recluse! — et encore, crois-tu que les langues s'arrêteraient pour cela? — Tiens, tu as gardé contre M. de Sorbières de la rancune de votre affaire de l'autre soir — voilà ce que c'est que les affaires de ce genre qui ne finissent pas — on conserve un levain qui s'aigrit et et fait fermenter dans le cœur une foule de mauvaises pensées et de mauvais sentiments; j'ai toujours vu qu'il fallait mieux échanger une balle ou un coup d'épée; ça tue au moins la rancune.

Je ne dis pas cela pour M. de Sorbières, — ça me désobligerait beaucoup, c'est un ami de la maison — et d'ailleurs, tu comprends que Noëmi ne te le pardonnerait pas... je te prie, au contraire, d'être très-bien pour lui — c'est après-demain le dîner — nos amis amènent leurs femmes et leurs filles — du moins les deux qui en ont — Duresnil et Crescent n'ont jamais voulu avoir que les femmes des autres. — J'espère qu'on sera gai et qu'on s'amusera.

D'Apréville parla à sa femme des mauvais sentiments que Férouillat lui semblait avoir conservés contre M. de Sorbières, — et il lui communiqua sa théorie au sujet des querelles non finies. — Noëmi dissimula son trouble et songea à hâter le départ d'Antime. — « Il n'oserait pas, pensait-elle, manquer à la parole qu'il lui avait donnée, et, s'il partait avant le mois écoulé, le duel ne pourrait pas avoir lieu. » — Elle feignit en conséquence un vif désir d'aller à Paris, — désir que d'Apreville dut naturellement ajourner au départ de la goëlette. — Alors elle le harcela pour qu'il précipitât ce départ.

Le jour du dîner, René fut naturellement placé à la droite de la maîtresse de la maison. — Elle avait placé Férouillat au bout de la table ; il était assez intime ami de la maison pour que cele n'eût rien de choquant pour lui, les places dites d'honneur étaient réservées aux étrangers ; elle avait mis le nom de chaque convive sur une carte à la place qui lui était assignée.

Mais, quand on entra dans la salle à manger, elle vit non sans étonnement Férouillat s'asseoir presque en face d'elle et de René. Elle crut que lui ou un autre s'étaient trompés, et elle sut mauvais gré au hasard d'avoir ainsi rétabli une position embarrassante qu'elle avait voulu éviter ; — la table était très-étroite et augmentait l'embarras de la situation.

Le hasard n'était pour rien dans l'affaire ; les cartes avaient été changées, et Anthime Férouillat occupait précisément la place à laquelle il avait trouvé son nom.

Aussi Noëmi jugea-t-elle à propos de rappeler, par ses regards, à Anthime Férouillat et les promesses qu'elle avait reçues de lui et les menaces qu'elle lui avait faites. De plus, elle s'occupa beaucoup de son voisin de gauche, pour ne pas irriter le capitaine par une préférence trop marquée pour René.

Il vint un moment où Férouillat, qui avait déjà un peu bu, voulut entreprendre une narration et resta court. Tout le monde rit, à l'exception de Noëmi.

— Une bonne idée, dit Hercule, c'est celle qu'a eu M. de Sorbières de donner à Férouillat le nom de Bouche d'Or, à cause de sa facilité.

Les rires redoublèrent.

Anthime jeta un regard venimeux sur René.

— Anthime, dit d'Apreville quelque temps après, fais donc passer les olives à M. de Sorbières.

Anthime obéit de mauvaise grâce.

— Anthime, verse donc à boire à M. de Sorbières. Anthime, appelle donc Mathilde, M. de Sorbières n'a pas de pain.

Après le dîné on dansa ; René valsa avec Noëmi, qui, seule, savait valser entre les femmes qui se trouvaient là.

Tous deux valsaient bien et avec grand plaisir.

— Anthime, dit Hercule, mais tu valsais autrefois.

— Non.

— Pardon! je t'ai vu valser; Noëmi, Anthime vous demande une valse.

— Madame, dit Férouillat, je vous assure...

— Allons donc! sais-tu valser? t'ai-je vu valser, oui ou non?

— Oui... mais...

— Allons, la musique, une valse ! Anthime, Noëmi t'attend.

Anthime ne put refuser plus longtemps ; d'ailleurs il savait valser ; mais après le succès d'élégance que venait d'obtenir M. de Sorbières, il n'avait pas envie d'exciter la comparaison. — Il valsait... comme j'ai vu valser dans mon enfance, tenant la main autour de la taille de la danseuse, mais la maintenant le plus loin de lui possible, — gardant le bras gauche, dont il lui tenait la main droite, raide et tendue comme un bâton, et la forçant, par conséquent, de partager cette pose disgracieuse, — puis il tournait sans se plier le moins du monde depuis les pieds jusqu'à la nuque, tout d'une pièce, absolument comme les petites poupées de bois qui valsent sur la table de certains orgues de Barbarie. — Cette façon de valser est un peu plus décente, mais beaucoup plus laide. De plus, Anthime n'avait pas l'oreille exercée et n'était pas toujours en mesure; s'il n'y avait pas eu besoin de le ménager, Noëmi se serait arrêtée en riant au premier tour; mais elle voyait que les maladresses successives de son mari l'avaient déjà fort irrité. Anthime, qui selon le précepte normand, ne laissait jamais son verre plein, pouvait ne pas être aussi maître de lui qu'à une autre heure de la journée, ou du moins qu'après un dîner moins splendide, et faire un éclat.

— Cependant tout à coup Noémi, qui, conduite ainsi, valsait mal, comprit elle-même qu'elle avait mauvaise tournure, s'arrêta net et dit : — Je suis étourdie ; je ne puis continuer. — Le violon, qui composait la musique, joua une contredanse, et Noëmi invita Anthime à la danser avec elle pour remplacer la valse interrompue. Férouillat, qui se piquait d'être beau danseur, pensa qu'il allait alors avoir sa revanche, surtout quand il vit René ne faire que traîner les pieds en mesure, même quand vint la figure de *cavalier seul*, où le cavalier danse seul, en effet, tandis que tous les yeux sont fixés sur lui pendant cinq minutes.

Férouillat, qui faisait vis-à-vis à M. de

Sorbières, le regardait faire ses pas insigni-
fiants, terre-à-terre, — et Férouillat avait
un air satisfaisant de lui-même qui disait aux
yeux : — A notre tour d'être le beau, d'être
le gracieux ! — En effet, la figure de René
terminée, Férouillat partit au coup d'archet
et se livra à toutes les élégances de marin
beau danseur ; c'était un cliquetis de jambes
inouï. — Les convives de d'Apreville, marins, femmes ou filles de marins, n'y trouvaient rien à redire ; — mais pour René, c'é-
tait un spectacle si étrange, comme ce le
serait pour toute personne qui y assisterait
pour la première fois, qu'il en rit aux larmes avec d'autant moins de retenue, qu'il
crut pendant quelque temps que le but du
capitaine était d'exciter la gaieté en se li-

vrant à de si singulières contorsions. — Les signes de Noëmi l'avertirent de son erreur; mais il était trop tard, Férouillat s'en était aperçu. — En vain Noëmi, pendant le reste de la contredanse, lui parla de la goëlette, il resta froid et silencieux jusqu'à la fin de la soirée.

IV

Férouillat ne put dormir. — Aussitôt qu'il fit jour, il alla chez René, — mais celui-ci dormait, et Bérénice refusa tout net de le réveiller. — Anthime se promena de long en large devant la maison pendant une heure. — Après quoi, Bérénice l'appela.

Il trouva René en robe de chambre.

— Monsieur de Sorbières, lui dit-il, je viens vous demander un service, un grand service.

René s'inclina en signe d'assentiment et lui désigna un siége.

— Monsieur de Sorbières, dit Férouillat, connaissez-vous un moyen de ne pas vous battre avec moi, si je voulais absolument me battre avec vous ?

— Admirablement dit ; je ne connais pas de moyen, monsieur, je n'en ai pas cherché et je n'en chercherai pas.

— Eh bien ! monsieur, ça ne peut plus se retarder...

— Très-clairement exprimé. Monsieur Férouillat, je me suis mis à votre disposition déjà, il y a une quinzaine de jours, et c'est à votre sollicitation qu'une rencontre a été remise à un mois.

— C'est vrai, monsieur, mais dans un mois je serai peut-être parti ; comment ferons-nous ?

— Naïvement énoncé. Mais c'est vous que cela regarde. — Comment ferai-je, moi ? — Mais je ne tiens pas autrement à me battre avec vous, — je penserai que vous aviez ou bien ou mal pris vos mesures en demandant un délai, et puis je n'y penserai plus.

— Le service que j'ai à vous demander, c'est de mettre tranquillement notre petite affaire à trois jours d'ici — comme je vous le disais en commençant, attendu que je suis très-décidé...

— Très-sensément pensé, mais, pardon, si je vous interromps, M. Férouillat, mais je vous vois avec peine prodiguer les trésors d'éloquence qui vous ont fait appeler Férouillat Bouche d'Or, — et les prodiguer en pure perte. — Je suis parfaitement à votre disposition, soit pour demain, soit pour aujourd'hui.

— Je vous dis dans trois jours, monsieur de Sorbières, parce que j'ai absolument affaire demain et après à mon bord pour l'arrimage de quelques marchandises.

— Très-sagement fait : à trois jours donc, aussi bien cela me donnera le temps de faire venir de Paris un ami qui ne me pardonnerait pas volontiers de m'être passé de lui dans cette circonstance.

— Ce n'est pas tout, monsieur de Sorbières, il faut que vous vous engagiez à ne pas dire à Hercule d'Apreville le sujet de notre querelle.

— Très-prudemment avisé. — Vous avez un excellent moyen à votre disposition pour que je ne le dise à personne, capitaine *Qui que ce soit,* c'est de continuer à me le laisser ignorer à moi-même.

— C'est une plaisanterie.

— Très-gaiement apprécié, mais j'ai dit vrai... Ah! je me rappelle, il y a quinze jours, vous me demandiez raison de ce que j'avais offert à madame d'Apreville de vous jeter par la fenêtre : est-ce toujours cela ?

— Vous savez bien que c'est impossible.

— Pourquoi ?

— Parce que Hercule voudrait savoir pourquoi.

— Très-délicatement prévu. — Vous deviez inventer, je me le rappelle à présent, une autre offense...

— Eh bien ! monsieur, supposons que vous avez dit... des injures... de moi.

— Ingénieusement trouvé ; mais quelles injures, capitaine?... Comme nous ne parlons pas toujours la même langue... il est bon de donner de la vraisemblance à la chose.

— Mais... dam!... n'importe lesquelles... les premières venues... berger, par exemple.

— Très-joli ! Et qu'est-ce que cela a d'insultant, capitaine ?

— C'est une grosse injure entre marins, ça veut dire qu'on ne sait pas son métier, qu'on n'est bon qu'à garder les vaches.

— Très-justement senti, — mais je n'ai pas l'honneur d'être marin, et j'ignore si vous savez ou non votre métier, — cherchez-en un autre.

— Oh ! mon Dieu, il n'y a pas besoin d'y aller par quatre chemins... Un gros mot... Supposons que vous m'avez appelé... Muffe, gulifiah...

— Très-agréablement imaginé ; mais voyez comme j'avais raison, capitaine : ces mots ne sont pas la langue que je parle, et je ne puis me laisser attribuer des expressions que je ne comprends pas.

— Eh bien !... c'est impatientant... supposons que vous avez dit de moi que j'étais ridicule, grossier.

— Splendidement juste cette fois, capitaine... Nous pouvons d'autant mieux le supposer, qu'à dire vrai, c'est un peu mon opinion, sans doute erronée, sur votre compte... et qu'il est très-probable que je l'aurai exprimée.

— Ça va donc pour ces mots-là ?

— Parfaitement exact.

— Mon témoin demandera aux vôtres que vous me fassiez des excuses ; le vôtre...

— Le mien, extrêmement clair, refusera tout net.

— Ce n'est pas encore tout.

— Parlez, capitaine.

— Je vous demande votre parole de ne pas en parler à madame d'Apreville ni avant ni après...

— Ah ça! capitaine, savez-vous que ce que vous me dites-là, pour les gens comme moi, est aussi peu poli que si je vous appelais... berger... Vous pouvez être tranquille, capitaine Bouche d'Or, mes témoins seuls sauront que j'ai l'honneur de croiser... Ah! que croisons-nous, capitaine, croisons-nous ou échangeons-nous?

— C'est l'affaire de nos témoins.

— Parfaitement raisonné. — Mon ami sera ici après demain dans la nuit; — le lendemain matin il attendra vos témoins, il s'adjoindra n'importe qui.

— Monsieur de Sorbières, je suis votre serviteur.

— Monsieur Férouillat, je vous salue.

Le capitaine Anthime pensait que le plus difficile n'était pas fait ; il avait encore à instruire de la situation Hercule d'Apreville — et à le décider à n'en pas parler à sa femme.
— Il avait à persuader à Hercule, qui ne manquerait pas de faire des objections, que l'affaire était indispensable, sans cependant lui laisser soupçonner la véritable cause de sa haine contre René.

Il retourna chez d'Apreville qui l'attendait pour aller avec lui à la goëlette, et c'est chemin faisant qu'il lui dit : — Ah ça ! Hercule, c'est pas ça, — te rappelles-tu que je t'ai servi de témoin dans ton affaire avec le capitaine anglais John Wils?

— Très-bien...

— Sais-tu que tu n'avais pas raison dans la querelle ?

— Il avait le tort d'être Anglais.

— J'ai partagé ton opinion, mais j'étais le seul — et le pauvre diable en a eu pour quatre mois à rester au lit. — Te souvient-il encore de la querelle que tu eus avec un capitaine dans le port de Cherbourg ?

—Ah! celui-là, il avait *abordé* un brick que je commandais.

— Je fus également de cet avis ; mais tous les autres marins prétendirent que c'était ton brick qui avait *abordé* son navire, attendu que tu l'avais touché de l'avant en pleines hanches de babord, et que toutes les avaries avaient été pour lui. Il n'était pas Anglais, celui-là.

— Il était Gascon.

— Eh bien ! je veux te prier à mon tour, non pas d'être mon témoin, cela aurait des inconvénients pour toi, mais de ne pas me gêner dans une petite affaire que j'ai.

— Et pourquoi ne serais-je pas ton témoin ?

— Tu vas le comprendre tout de suite : cette petite affaire est avec M. René de Sorbières.

— Ah! diable!

— Il faut seulement que tu m'aides à la cacher à ta femme ; cela paraît toujours odieux aux femmes de voir s'égorger, comme elles le disent, deux hommes de leur connaissance. Il leur semble, de plus, que celui qui propose l'affaire est le plus méchant, sans parler de leur propension à croire que la raison et le bon droit sont toujours du côté de celui des deux adversaires qui a les cheveux les plus noirs et l'habit le mieux fait. »

— Cela va sans dire ; — mais, voyons, tu te trompes sur ce point... Je veux être ton témoin... et cela n'a pas d'inconvénients pour deux raisons. — L'affaire s'arrangera...

— Non...

— L'affaire s'arrangera ou ne s'arrangera pas...

— Elle ne s'arrangera pas,

— Comment le sais-tu?.. Quelle est l'offense que tu as reçue?..

— Il m'a appelé ridicule, grossier...

— Anthime, s'apercevant que d'Apreville restait froid, — sortit un peu des conventions et ajouta... Il a dit que j'étais un vrai berger.

— Hum! hum! — ça n'est pas agréable, mais il peut faire des excuses.

Ici Férouillat, pensant que René refuserait les excuses, avisa qu'il n'y avait pas d'inconvénient à ne pas se montrer d'une férocité qui pourrait bien faire soupçonner à d'Apreville qu'on ne lui confiait pas la vraie cause du duel. — Il dit : — Des excuses complètes, formelles...

— Naturellement... je reprends donc où

tu m'as interrompu. — L'affaire est arrangeable ou ne l'est pas : — si elle est arrangeable, mon intervention peut contribuer à la conciliation, si elle n'est pas arrangeable, c'est-à-dire, si M. de Sorbières refuse de faire entrer en balance notre connaissance de quelques jours et notre vieille amitié à nous deux, cette amitié que nous n'avons jamais trahie ni l'un ni l'autre, n'est-ce pas, Anthime?... J'ai accepté M. de Sorbières, présenté par toi comme ton ami. — C'était une amitié de reflet, tu ne l'aimes plus, il n'est plus de mes amis. — Je serai ton témoin... mais j'espère que cela s'arrangera.

— Il attend un ami qui lui servira de témoin, et qui arrivera après-demain.

— Ah çà ! tu l'as donc vu ?

— Je sors de chez lui.

— Et il ne t'a pas fait d'excuses ?

— Je ne lui en ai pas demandé.

— C'est plus facile à demander et à obtenir par les témoins... Il en fera.

— Mais des excuses formelles, tu entends, Hercule ?

— Sois tranquille, je ne suis pas pour les faux-fuyants. — Ah çà ! tu as le choix des armes ?

— Certainement, puisque je suis l'offensé...

— Le pistolet ou l'épée ?

— Le sabre.

— Et il a accepté ?

— Je ne lui en ai pas parlé ; mais il acceptera, puisque j'ai le choix des armes.

— Oui, mais le choix entre l'épée et le pistolet ; — un homme qui n'est pas soldat n'est pas forcé de se battre au sabre.

— Je ne suis pas soldat non plus.

— Raison de plus pour refuser.

— Si tu t'y prends bien, il acceptera le canon ou l'obusier, il paraît décidé à jouer l'indifférence impertinente, à tout ce que je dis il répond : — Volontiers ! ou comme vous voudrez ! — en l'excitant un peu, il acceptera le sabre.

— C'est possible... mais pourquoi choisis-tu le sabre ? tu n'y es déjà pas si fort.

— Pour plusieurs raisons; je ne suis pas plus fort à l'épée ni au pistolet, et à ces deux armes, il est possible qu'il soit aussi fort et plus fort que moi, — tandis qu'au sabre, il est probable qu'il n'a jamais manié un sabre de sa vie... Et puis je me suis exercé.

— Comment... ce matin...

— Non, je voyais bien depuis ton retour qu'il faudrait finir par en découdre avec ce beau monsieur dont les airs ne me conviennent pas. Alors, j'ai travaillé avec le prévôt du régiment.

— Est-ce qu'il est fort ?

— Il m'apprend une botte secrète.

— Allons donc... tu me feras voir ça tantôt, — ou plutôt demain matin, de bonne heure, pour que Noëmi ne s'inquiète pas de nous voir férailler. — Il faudra apporter deux sabres... qui serviront, si l'affaire ne s'arrange pas ; mais elle s'arrangera.

Le soir, Hercule apporta deux sabres sous sa longue redingote, et il les fit porter et cacher par Césaire Valin, le fils de Mathilde, dans un cellier où, le lendemain matin, — à la pointe du jour, — Hercule et Anthime se renfermèrent.

— Voyons les ruses que t'a apprises ton prévôt, demanda Hercule.

Et il se mit en garde avec Anthime, qui répéta sa leçon...

— Eh bien ! ça ne vaut rien ; un tireur d'épée parera cela sans avoir touché un sabre de sa vie. Il faut quelque chose qui appartienne au sabre, vois-tu ? Anthime, une bonne ruse, la meilleure de toutes, après le savoir, et quelquefois de niveau avec lui, c'est la vitesse. Un homme très-exercé à porter un coup de pointe correcte arrive à une telle perfection, que l'on prend cela pour une botte secrète. C'était ce qui en faisait tant attribuer au fameux Saint-Georges.

— Mais tu n'es plus vif.

— Je vais te montrer autre chose, remettons-nous en garde. Les deux amis reprirent

les sabres ; — mais il se passa chez d'Apreville une sorte de phénomène singulier — ses yeux devinrent éclatants et lancèrent des éclairs, ses dents claquèrent ; il serra la poignée du sabre avec une sorte de volupté sauvage ; — mais il s'arrêta, recula et dit :
— Laissons les sabres, prenons des baguettes — avec les sabres on pourrait se faire du mal — et nous n'avons aucune raison de rougir ces lames-là, n'est-ce pas, Férouillat?

Ils ne tardèrent pas à trouver deux bâtons convenables. En allant les chercher, d'Apreville entra à la cuisine et but un verre d'eau.

— Il y a, dit-il à Férouillat, une ruse qui

sera éternelle. — Tire sur moi à ta fantaisie.

Et Hercule feignant de se retirer à chaque attaque de Férouillat, comme un homme qui a peur, l'anima peu à peu, et, saisissant une marche imprudente de l'adversaire, il le menaça d'un coup de sabre sur la tête, que celui-ci se mit en mesure de parer; mais Hercule tira un coup de seconde, la main haute, en lâchant le pied gauche en arrière, et arrêta Férouillat d'un violent coup de la pointe du bâton dans la poitrine.

— Il faudrait savoir si ton adversaire connaît un peu le sabre; s'il avait pris une ou deux leçons, — tu serais bien sûr de lui. Il faut lui en faire prendre deux.

— Comment cela ?

— C'est tout simple, fais-lui écrire ceci, qui du reste t'assurera le choix du sabre, par une main inconnue. Écrit sur ton calepin.

Et Anthime écrivit :

« Monsieur, quelqu'un qui s'intéresse à vous vous avertit d'une chose : vous avez laissé au capitaine Férouillat le choix des armes dans une affaire qu'il doit avoir avec vous ; — il est l'offensé, c'est la règle ; mais d'ailleurs, ayant accepté sans restrictions, je vous crois trop chatouilleux sur l'honneur pour que vous permettiez une discussion à ce sujet entre les témoins. — Eh bien ! le capitaine Férouillat choisira le sabre ; — si cette arme ne vous est pas familière, vous avez le temps de vous exercer un peu d'ici là. — Le prévôt du régiment passe pour habile et donne volontiers des leçons. »

— Puis tu feras signer : « Un homme que vous avez obligé. »

— Ta ! ta ! ta ! dit Anthime, elle est belle, ton idée ! — Et si le prévôt lui apprend quelque bon coup ; si M. de Sorbières qui, sans aucun doute, tire l'épée, perd l'embarras que cause une arme inconnue... il m'embrochera comme un poulet.

— Je vais te prouver que tu n'as pas le sens commun ; — remets-toi en garde : bien — porte-moi un coup, je pare en seconde, — relève-toi en parant une riposte. — Ah! — eh bien ! pourquoi pares-tu en prime ?

— C'est tout naturel, puisque je t'ai paré en bas ; tu ne vois de chance qu'en m'attaquant en haut, et d'ailleurs le prévôt me le répète sans cesse.

— Très-bien ! alors tu vois que ce que tu

fais là est une affaire d'instinct, de raisonnement, et que, d'autre part, on ne manquera pas de l'enseigner et de le recommander à ton homme.

— Où est l'avantage de lui apprendre à parer ?

— A parer quoi ? un mauvais coup de tranchant sur la tête... Allons donc ! — Ou l'affaire s'arrangera ou elle ne s'arrangera pas. — Je suis sûr qu'elle s'arrangera, mais, si par hasard elle ne s'arrange pas, il faut travailler de la pointe. Eh bien ! si ton homme fait ce que tu viens de faire, — ce que, selon toi, l'instinct lui fera faire, et ce que le prévôt à coup sûr lui enseignera, — tu le tiens parfaitement, — et tu auras à peine le temps de lui demander s'il te prend encore pour un berger. — Je ne puis te promettre qu'il aura, lui, le temps de te répondre : — ainsi donc, fais écrire.

Maintenant, je vais t'apprendre ce que tu as à faire sur le terrain.

Et ils ferraillèrent une demi-heure avec les bâtons, — jusqu'au moment où ils supposèrent que Noëmi pouvait être levée. Après le déjeuner, ils repartirent pour la ville, où Férouillat fit écrire à René par un écrivain public; en même temps, il lui écrivit lui-même :

« Monsieur,

« J'ai été obligé de dire à d'Apreville que vous m'avez non-seulement appelé ridicule et grossier, mais encore que vous m'avez traité de *berger*. Sans cela je l'aurais trouvé très-incrédule aux raisons qui me font exiger une réparation.

« Ne me démentez pas.

« Il veut me servir de témoin, dans l'espérance d'arranger l'affaire. — Il vous demandera des excuses, — vous m'avez promis de ne pas en faire.

« Votre Serviteur,

« Le capitaine Anthime FÉROUILLAT. »

A quoi René répondit :

« Soyez tranquille, capitaine Anthime Férouillat, on ne vous fera pas d'excuses.

« Je reconnais vous avoir traité de *berger*, puisque vous y tenez absolument.

« RENÉ DE SORBIÈRES. »

René lut plusieurs fois la lettre anonyme avec une certaine défiance; mais il décida que l'avis, en tous cas, était bon, et il le suivit.

Dès la veille, il écrivit à Augustin Sanajou :

« Mon cher Augustin,

« Je me bats avec le capitaine Qui-que-ce-soit, autrement dit Anthime Férouillat. Tu as tout juste le temps d'arriver pour m'assister dans cette rencontre.

RENÉ. »

Puis il attendit, en s'exerçant avec le prévôt.

Sanajou arriva fort effaré, il eut peine à se rendre aux injonctions de son ami qui lui dit :

— Je ne tiens pas à me battre avec ce butor, puisqu'il va s'en aller. — Cependant ça ne me déplait pas tout à fait. — En tous cas, si l'affaire n'a pas lieu, c'est lui qui y renoncera. — Si tu fais la moindre concession, je te désavouerai. — Je refuse toute excuse, et j'accepte le choix des armes, quel qu'il soit. — Cet homme, d'ailleurs, doit être bête même aux armes. — Le prévôt nous fournira un second témoin pour t'assister ; — ce témoin sera un personnage muet, seulement pour la symétrie.

V

Le troisième jour, à l'heure convenue, Hercule d'Apreville se présenta chez M. de Sorbières avec le prévôt qu'il avait choisi pour l'accompagner.

— Monsieur, dit-il à René, j'ai accepté d'être le témoin de Férouillat, parce que j'espère arranger cette affaire.

— Monsieur d'Apreville, dit René, je vous remercie de vos bonnes intentions, je vais vous réunir à mes témoins qui vous attendent.

Il ouvrit le salon, fit la présentation, et alla se promener dans la forêt, mais il trouva à l'entrée Férouillat qui attendait le résultat de la conférence.

— Capitaine Férouillat, dit-il, est-ce que par hasard vous auriez l'idée gaie de me proposer de faire notre petite affaire tout seuls, pendant que ces messieurs jasent entre eux ?

— Cela ne se peut pas, monsieur.

— Très-noblement répliqué. Alors j'ai bien une demi-heure devant moi.

— Sans aucun doute.

— Franchement répondu. Je vais l'employer le mieux possible, avec votre consentement, capitaine, car enfin c'est peut-être la dernière que vous me laissez.

— Le sort des armes en décidera, monsieur.

— Lyriquement apprécié. A bientôt, capitaine.

Et René pensa que d'Apreville causant

dans son salon, et Férouillat étant de faction à l'entrée de la forêt, il n'aurait jamais une plus belle occasion d'aller faire une visite à Noëmi en toute sécurité.

« D'ailleurs, pensa-t-il un peu moins gaîment qu'il ne l'avait dit, — c'est peut-être ma dernière heure, il serait bête de ne pas la donner à l'amour. »

Dans le salon, Hercule d'Apreville prit la parole en s'adressant à Augustin Sanajou, car le soldat et le prévôt étaient là, deux pas en arrière, et, comme l'avait dit René, pour l'ornement de la symétrie :

— Monsieur, cette affaire n'a pas de cause

sérieuse, et j'ai accepté les pénibles fonctions de témoin surtout avec l'espérance de l'arranger.

Sanajou tendit à d'Apreville une main que celui-ci serra avec cordialité.

— M. de Sorbières, continua d'Apreville, s'est servi à l'égard du capitaine Anthime Férouillat, que je représente, d'expressions offensantes; j'ai décidé Férouillat, qui est bon diable, à se contenter d'excuses.

— Ah! monsieur, dit Sanajou. Ne m'interrompez pas, vout parlerez après; — je disais donc que j'ai très-péniblement fait consentir Férouillat à accepter des excuses, — pourvu qu'elles fussent formelles, complètes... — Ne m'interrompez pas.

— Au contraire, dit Sanajou, il faut que je vous interrompe, M. de Sorbières m'a exprimé l'intention arrêtée de ne pas faire la moindre excuse.

— J'espère, monsieur, répliqua d'Apreville, que vous n'hésiterez pas à tenter, même malgré l'intention de votre ami, d'arranger l'affaire, s'il est possible : c'est le premier devoir des témoins ; il y aurait de la férocité à ne pas tout faire pour l'accomplir.

— Je suis de votre avis, mousieur, mais...

— Écoutez, je ne vais pas vous surfaire, je ne vais pas vous demander des mille et des cents, — je ne vais pas vous demander des choses qu'un brave homme ne demande pas, parce qu'un brave homme ne peut les faire ; voici les excuses que je m'engage à faire aggréer à Férouillat, — je les ai édulcorées le plus possible, mais, par exemple, il n'y a pas un iôta à en retrancher ; c'est à prendre ou à laisser.

— M. René de Sorbières écrira ces paroles.

Et Hercule tira de sa poche une note écrite à l'avance.

« Je reconnais que je n'ai jamais eu l'intention d'offenser le capitaine Anthime Férouillat, que je respecte infiniment ; — je nie avoir prononcé, en parlant de lui, les expressions de *ridicule* de *grossier*, de *berger* ; — si de pareilles expressions m'étaient échappées, je n'hésiterais pas à en faire les plus formelles excuses et à en demander pardon au capitaine Férouillat. »

Sanajou rougit de colère, et d'une voix saccadée :

— Monsieur, dit-il, vous m'avez vu un peu trop vite, peut-être, accueillir vos propositions pacifiques. Mon inexpérience de ces sortes d'affaires, l'horreur du sang, une ancienne et tendre amitié pour M. de Sorbières, m'avaient disposé à essayer de lui faire agréer des expressions qui auraient pu peut-être tout concilier. Mais je me suis trompé, monsieur ; je n'ai jamais manié qu'une plume, monsieur, mais, si on me proposait une pareille rétractation, quand mon adversaire aurait un canon pointé sur moi, quand je n'aurais pour me défendre que mon canif, je vous déclare que je ne laisserais pas causer mes témoins plus longtemps. — C'est moi qui ai ici des excuses à faire, monsieur, mais à mon ami. Il m'avait défendu de laisser finir une phrase qui parlerait d'excuse ; je n'ai mission que de fixer les conditions du combat et d'y assister. — Parlez donc en ce sens, monsieur.

— Je regrette votre vivacité, monsieur, dit Hercule d'un air câlin; si vous aviez fait de votre côté autant de concessions que j'avais amené Anthime à en faire, — il ne voulait pas d'excuses d'abord, — nous aurions évité l'effusion du sang. — Un célèbre maître d'armes, Grisier, l'a dit avec raison, monsieur, les témoins tuent plus de gens que les armes ; — réfléchissez encore.

— Sur votre rédaction ?

— Attendez, pardon ! il y a une omission

à réparer, le capitaine Férouillat exige qu'il y ait « à en demander *humblement* pardon. »

J'avais passé par mégarde ce mot auquel il tient.

— Assez, monsieur !

— Vous l'exigez, monsieur ! passons au second acte du drame sanglant dans lequel nous avons, vous et moi, le rôle le plus douloureux. — Le capitaine Férouillat a le choix des armes, il prend le sabre.

— Je croyais, monsieur que cette arme usitée entre militaires n'était pas acceptable pour un bourgeois. — Je prends sur moi cette observation que M. de Sorbières m'a défendu de faire, mais j'en appelle à votre honneur, n'abusez pas de la grandeur d'être de M. de Sorbières.

Le soldat acolyte de Sanajou s'avança et dit :

— Un bourgeois n'est pas forcé de se battre au sabre ; pas vrai, sergent ?

— La justice avant tout, répondit le prévôt, Camuchet a raison, et d'ailleurs il répète ce que je lui ai appris ; le pékin, réputé inférieur et peu accoutumé, n'est pas forcé d'accepter le sabre, l'arme des troubadours, ça ne peut-être qu'un effet de sa volonté.

— Ces deux braves gens pensent comme moi, monsieur.

— Anthime tient au sabre, c'est son droit.

— Je le conteste, fort de l'opinion de ces deux militaires, dont un, qui est mon adversaire, obéit à la justice et à l'honneur, en s'exprimant comme son camarade ; — mais il n'y a pas à discuter le droit, M. de Sorbières accepte ; mais je vous prie d'insister auprès de M. Férouillat pour qu'il renonce à un avantage que lui veut faire la générosité de mon ami.

— Il est inutile que je consulte Férouillat.

— Je vous le demande sérieusement : est-il loin d'ici ?

— A deux pas, j'y vais pour vous prouver une fois de plus dans quelles idées de conciliation j'avais accepté les pénibles fonctions que je partage avec vous.

D'Apreville alla trouver Anthime et lui dit :

— Il n'y a pas moyen d'arranger l'affaire.

— Mais je ne t'ai pas chargé de l'arranger.

— Si tu avais accepté des excuses : eh

bien! on n'en veut pas faire; je les avais adoucies un peu plus peut-être que tu ne m'y avais autorisé, mais ils ne veulent pas en entendre parler.

— Tant mieux !

— On m'envoie vers toi pour te proposer d'accepter le pistolet en place du sabre.

— Hum ! hum ! que penses-tu ?

— Rien, mais ces mirliflores-là, c'est souvent fort au pistolet; c'est une élégance d'aller au tir et de toucher des mouches ; ça ne demande pas de force et surtout ça n'exige qu'un courage positif; je ne veux pas t'influencer, mais, si tu cèdes tes droits, je me retire, le prévôt t'amènera un soldat pour me remplacer.

— Dis-leur que je maintiens mon droit.

— C'est bien.

Hercule rejoignit les autres témoins.

— Messieurs, dit-il, ainsi que je l'avais prévu, mon ami refuse de céder sur le choix des armes, il maintient le sabre, — mais il consent encore, et pas sans peine, à accepter les excuses que...

— Monsieur, interrompit Sanajou, mon ami accepte le sabre ; quand se battera-t-on ?

— Tout de suite, dans une heure ; prévôt, vous devez connaître une bonne place ?

— Il y en a une où j'ai ouvert la tête du maître d'arme du régiment de cavalerie qui a passé ici le mois dernier ; la place est jolie et on peut y montrer son talent ; Camuchet la connaît comme moi, il était mon témoin et c'est lui qui avait affilé les sabres.

— Eh bien ! monsieur, dit Hercule, dans une heure donc ; le militaire Camuchet nous conduira, nous aurons des sabres.

Je regrette, monsieur, de ne pas vous avoir trouvé dans des dispositions aussi conciliantes que les miennes, nous aurions arrangé cette triste affaire.

— Assez, monsieur !

— Réfléchissez, décidez votre ami — et tant qu'on n'a pas dit : Allez ! — il est encore temps.

Augustin Sanajou tourna le dos à d'Apreville sans lui répondre ; celui-ci se retira avec le prévôt, qui lui dit en s'en allant :

— Vous êtes un particulier qui avez tout

de même une drôle de manière d'arranger les affaires.

En ce moment, René revenait; il salua Hercule, Anthime et le prévôt, qui se réunissaient, et entra chez lui, — où, à la nouvelle qu'il se battait dans une heure, il dit : C'est bien, — fit donner à déjeuner au soldat, — but avec Augustin un verre de vin de Madère, dans lequel ils trempèrent un biscuit, puis il s'enferma avec lui, lui remit des papiers et lui donna quelques instructions pour le cas d'une mauvaise chance.

Puis on se mit en route.

— Augustin, dit à René, je ne veux pas

qu'il y ait la moindre conversation sur le terrain.

— C'est mon avis, dit Sanajou.

On ne tarda pas à arriver, sous la conduite du soldat; Férouillat et ses témoins furent aperçus dans une allée couverte, qui s'avançaient, le prévôt en avant, portant les sabres; Hercule parlant bas à Férouillat avec des gestes qui évidemment s'appliquaient à l'escrime.

On se salua de part et d'autre; Hercule s'approchant de René, dit :

— M. de Sorbières, si votre témoin...

— Monsieur, dit Sanajou s'interposant, assez de conciliation comme cela, l'affaire n'a pas besoin d'être envenimée.

— Mesurons les sabres, dit le soldat, qui voyait bien qu'il n'y avait pas à causer.

Le prévôt et le soldat mesurèrent les sabres, s'assurèrent qu'ils étaient également affilés, puis ils placèrent les adversaires, qui avaient ôté leurs habits, à une distance convenable. Chacun passa les mains sur la poitrine du combattant adverse pour s'assurer qu'il n'avait rien sous la chemise qui pût le garantir.

Puis ils se reculèrent.

Et le prévôt dit :

— Allez !

— Pourvu, se dit Hercule d'Apreville, qu'il ne m'entame pas mon Férouillat !

René attaqua le premier et faillit atteindre Férouillat d'un coup de sabre sur la tête ; mais celui-ci recula en parant, — puis se remit en garde en menaçant son adversaire dans les lignes hautes. — Celui-ci, voyant Férouillat découvert dans le dessous, essaya de l'y surprendre ; Férouillat para seconde. — Naturellement, d'après les leçons qu'il avait reçues, René s'attendait à une riposte en haut ; Férouillat tournant rapidement le poignet, la main en octave, ce froissement le confirma dans son impression, et il para de prime. — Mais Férouillat fit filer sa lame tout droit, et la pointe du sabre entra dans la poitrine de René. Férouillat retira son sabre, recula d'un pas et se remit en garde. — René agita le sien un moment, le laissa tomber, et s'affaissa dans les bras de Sanajou et des deux soldats : — le sang coulait abondamment par une large blessure. — René paraissait suffoqué, sa respiration était courte.

— Messieurs, s'écria Sanajou, allez vite prévenir le médecin qui est chez M. de Sorbières, où je lui ai donné rendez-vous.

C'était le moyen le plus honnête de quitter

la place; Anthime et Hercule en profitèrent.

Pendant ce temps, René était devenu affreusement pâle ; une sueur froide inondait ses tempes et ses joues. — Il fallut l'étendre sur l'herbe, arracher sa chemise, la mettre en tampons pour essayer d'arrêter le sang.

Le médecin arriva ; il approcha son oreille de la plaie. L'air s'en échappait dans l'expiration, et pénétrait dans l'inspiration avec un bruit particulier.

Il se hâta de rapprocher les bords de la blessure avec des bandelettes agglutinatives.

— Eh bien ! demanda Sanajou d'un regard plein d'anxiété.

Le médecin leva les yeux au ciel — et écarta les mains pour exprimer que la blessure était grave et qu'il ne pouvait encore se prononcer.

Sur son ordre, les deux soldats coupèrent de grosses branches à coups de sabre et en formèrent une litière avec les habits de René et ceux de Sanajou, puis on se mit en devoir de transporter chez lui René, qui s'agitait sans ouvrir les yeux et paraissait éprouver de douloureuses angoisses.

— Les deux soldats le portaient ; le médecin et Sanajou le maintenaient des deux côtés ; — quand on fut arrivé, on mit le blessé dans son lit, — les deux soldats s'en allèrent.

— Camuchet, dit le prévôt, — voilà un fier coup de sabre, c'est tout à fait contre la tradition, un homme paré en seconde doit se relever en prime ; — mais il faut toujours se défier, tu aurais été pris tout comme ce pauvre monsieur ; c'est un joli coup, que nous allons travailler un peu en rentrant ; c'est une botte secrète à ajouter à celle que je t'ai montrées, et que je placerai en dessous, mais assez près de ma *favorite* que je ne montre à personne qu'à ceux qui la reçoivent, comme il est arrivé au maître du 8ᵉ chasseurs à cheval.

— Monsieur, dit le médecin à Sanajou, les symptômes, je ne dois pas vous le cacher, sont des plus terribles, votre ami est perdu.

— Mais, docteur, que faire ?

— Suivre les prescriptions de la science, mais sans espoir.

— Docteur, ne vous offensez pas, mais je veux tout tenter, je vais prendre des chevaux, aller à Paris, ramener le docteur X...

— C'est une lumière de la science, mais il ne sauvera pas votre ami.

— N'importe ; je vous recommande mon

malheureux ami, ne le quittez que le moins possible, comptez sur ma reconnaissance, je serai ici dans le temps rigoureusement nécessaire pour faire deux fois la route.

— Bérénice, dit-il, prenez du monde pour vous aider, faites un lit, préparez une chambre pour le docteur, qui couchera ici ; — je vous en prie, docteur, vous coucherez ici, — Bérénice vous fera à manger, vous ne serez pas mécontent d'elle. — Ne quittez mon pauvre ami que le temps strictement nécessaire pour vos visites indispensables : — vous me le promettez ? vous n'aurez pas obligé un ingrat.

Sanajou entra voir un instant René qui était toujours dans la même situation ; il l'entendit cependant et répondit par une pression de main quand Augustin lui dit : — La blessure est grave, mais nous le sauverons, il n'y a pas de danger sérieux, je cours à Paris chercher le docteur ***, — le médecin d'ici ne te quittera pas, — sois tranquille.

Puis il dit à part à Bérénice :

— Ma pauvre Bérénice, nourrissez bien le docteur ; donnez-lui le meilleur vin de la cave. — Soignez bien René. Adieu !

Et il se procura un cabriolet auquel on mit deux chevaux de poste.

— Mon ami, dit Sanajou au postillon, il

s'agit d'aller vite. — Cinq francs de guide ou quinze sous, — avertis tes camarades.

D'Apreville et Férouillat furent quelque temps sans parler — jusqu'à ce qu'ils eussent averti le médecin; seulement, Hercule se dit à lui-même :

— Allons ! on m'a laissé mon Férouillat intact, tout entier.

— Ah çà ! ne vas pas raconter l'affaire à ta femme !

— Sois tranquille...

— Le coup doit être rude, j'ai senti le sabre entrer... entrer.

— C'est tout simplement un homme perdu.

— Crois-tu ?

— J'en suis sûr ; le poumon est touché, on l'entendait râler.

— Ma foi, tant pis ! il n'avait qu'à ne pas m'appeler berger.

— Comme tu dis, il n'avait qu'à ne pas t'appeler berger... Ah çà ! tu es donc pour la vengeance, toi, Férouillat ?

— Je suis pour ne pas me laisser marcher sur les pieds.

— Tu penses donc que pour une offense on a le droit de tuer un homme ?

— Dam ! ça dépend de l'offense.

— C'est juste : par exemple, quand on a été appelé berger.

— Non, je ne tenais pas à le tuer ; je me serais contenté d'une bonne leçon... mais, enfin, tant pis !

— Trouves-tu, mon ami Férouillat, que je t'aie bien servi dans cette affaire ?

— Admirablement.

— Comment trouves-tu ma petite botte ?

— Superbe !

— Eh bien ! il faut que tu m'assistes à ton tour.

— Comment ?

— Je me bats demain matin.

— Avec qui ?

— J'ai des raisons pour ne pas te dire son nom.

— Je le connais?

— Oui, et tu connais en même temps un fieffé gredin.

— Qu'est-ce qu'il t'a fait?

— Tu le sauras avant l'affaire. Sache seulement que moi, qui ne voudrais pas égratigner un homme qui m'aurait appelé berger, j'espère bien tuer celui-là et le donner à manger aux corbeaux.

— C'est donc bien grave?

— Assez pour qu'il soit nécessaire qu'un

de nous deux reste sur la place, mais ce sera lui.

— Dois-je voir les témoins?

— Tout est arrangé d'avance, on se trouvera demain dans la petite île des Saules, dans la rivière.

— Mais les conditions?

— Oh! les conditions, je les impose... je suis offensé.

En prononçant ces mots, les yeux de d'Apreville lançaient des éclairs; Férouillat le regarda avec étonnement.

— Je suis offensé... rudement offensé continua d'Apreville.

— Alors la botte d'aujourd'hui pour seconde, la main et octave...

— Non, il la connaît.

— Ah diable!

— On se battra au fusil, à l'américaine !

— Je n'aime pas ce duel-là.

— C'est un bon duel pour tuer.

— Tu veux le tuer absolument, donc?

— Si je veux le tuer!...

Et d'Apréville dit ces mots avec tant de rage et d'une voix si singulièrement vibrante, que Férouillat le regarda encore d'un air soupçonneux et surpris.

— Il faut absolument que tu sois là, dit Hercule ; va-t-en à la ville pour jeter un coup d'œil à la goëlette, puis reviens souper et coucher à la maison. — Je ne te lâche plus. — On nous éveillera avant le jour ; les deux Valin avec le flot nous auront bien vite menés au canot. — Adieu, à tantôt!

Férouillat s'en alla un peu pensif ; puis il se dit :

— Allons donc!... Pourvu cependant qu'il ne se fasse pas tuer. L'affaire de la goëlette n'est pas finie, et ça n'est pas la veuve qui la finirait quand elle n'aurait plus peur de moi... Et quand elle va savoir que je lui ai décroché son godelureau... Comment faire pour qu'elle ne le sache pas?... Il s'agit de presser l'affaire de la *Belle-Noëmi* et de payer la chose en monnaie de petit hunier.

Avant de rentrer chez lui, d'Apreville alla prendre des nouvelles de M. de Sorbières. Il apprit que le médecin en désespérait et que Sanajou était parti pour Paris.

— Après tout, dit-il, il n'avait qu'à ne pas appeler le capitaine Anthime Férouillat berger. Il ne s'agit pas d'appeler un homme berger, et de croire qu'il vous dira ensuite :

— Grand merci !

Puis il rentra et dit à Mathilde :

— M. de Sorbières a été blessé par Férouillat, arrange-toi pour que Noëmi n'en sache rien jusqu'à demain après notre départ. Férouillat couche ici, je l'emmène avec tes fils demain avant le jour faire un tour dans la rivière... où je vais à présent, — le canot est-il paré ?

— Oui, et les deux gas vous attendent.

D'Apreville ne rentra que pour le souper.

Férouillat était là depuis une heure. — Noëmi ne savait rien : Mathilde, la voyant se disposer à sortir, lui avait charitablement conseillé de n'en rien faire en lui disant : — Le maître m'a donné l'ordre de lui dire si vous sortiez.

Elle n'avait laissé personne entrer dans la maison.

D'Apreville dit :

— Il est arrivé un accident à un de vos amis, Noëmi, M. de Sorbières...

Mathilde devint pâle, et Férouillat rougit jusqu'au violet.

— Je pense que ce n'est pas grand'chose, une chute de cheval... à ce que je crois.

— Il faudrait envoyer...

— J'en viens... je n'ai pu entrer... Mathilde y enverra son fils de grand matin.

Noëmi resta silencieuse.

On ne tarda pas à se coucher,

VI

Une heure avant le jour, ainsi qu'elle en avait reçu l'ordre, Mathilde battit le branlebas. — Elle ouvrit brusquement la porte d'Anthime, alla à lui, le secoua vigoureusement et s'écria :

— Allons, maître Férouillat, — debout ! le jour va bientôt paraître. — Le patron est levé depuis une heure, — il vous attend.

Anthime Férouillat, réveillé en sursaut, s'écria :

— Qui va là ? qu'est-ce que c'est ? Qu'on n'éveille pas la reine !

— Rêvez-vous ou êtes-vous fou, maître Anthime ! je vous dis qu'il est temps de vous lever.

— Ah ! c'est toi, Mathilde ; — c'est bon, on se lève.

Jamais homme ne se trouva réveillé plus

mal à propos. Il rêvait qu'il était seul maître de la *Belle-Noëmi*, — la coque de la *Belle-Noëmi* était en bois de cèdre et les mâts en bois de citronnier doré, les voiles en soie bleu de ciel et les cordages en argent fin. — La canne à sucre et la betterave étaient mortes de maladie ; — il n'y avait plus de cannes à sucre que dans une seule île qu'il avait découverte, on vendait chaque livre de sucre contre sept fois son poids en or. — L'île appartenait à une reine qui tombait éprise de Férouillat et qui l'épousait ; cette reine était très-jeune, très-belle, — et par une de ces péripéties communes dans les rêves, elle se trouva être Noëmi.

La reine était couchée sur un lit de satin

blanc, et Sa Majsté Férouillat allait se mettre auprès d'elle, lorsque la voix glapissante de Mathilde l'avait fait rentrer dans la vie moins brillante du capitaine Anthime Férouillat. Il eut besoin de quelques instants pour se réconcilier avec la vie à laquelle son rêve ne pouvait manquer de faire du tort. — Cependant il se dit : — Je suis propriétaire de la moitié de la *Belle-Noëmi*, capitaine du navire, — et hier... hier, j'ai à peu près tué M. de Sorbières, — quoiqu'à vrai dire j'aimerais presque autant qu'il ne mourût pas... on pourrait peut-être me tracasser. — Allons, allons ! la chance du capitaine Férouillat n'est pas encore des plus mauvaises.

... Mais ce matin... Ah ! bah !... j'aimerais mieux pourtant que ça fut fini.

Il s'habillait tout en s'adressant ces paroles.

Il remit dans ses poches deux petits pistolets cachés sous son oreiller, avec sa montre et sa bourse, et il était prêt, ou peu s'en fallait, lorsque Hercule d'Apreville entra dans sa chambre, suivi de Mathilde, qui portait sur un plateau du pain, du fromage, du genièvre et de l'eau-de-vie.

— Allons ! Anthime, dit-il, lestons un peu le bâtiment ; nous avons à faire une traversée de quelques heures. En fait de déjeuner, on n'est certain que de ce qu'on a dans l'estomac.

— Arsène, dit-il au fils de Mathilde, — descends les fusils dans le canot.

Mathilde, a-t-on des nouvelles de ce pauvre diable de M. de Sorbières ?

— J'en viens, maître Hercule. — Le jeune homme ne va pas bien ; — il a une fièvre qui le mange. — On attend le grand médecin de Paris que son ami Sanajou est allé chercher en poste hier.

— Sacré Férouillat, tu touches dur quand tu t'y mets.

— Voilà ce qui arrive aux enfants et aux mousses, quand ça veut jouer avec des hommes et avec des matelots. — D'ailleurs, on ne peut pas se battre et ne pas se taper un peu sur les doigts. — J'espère qu'il va y avoir encore une leçon de donnée aujourd'hui.

— As-tu déjeuné, Férouillat ? Il faut profiter du flot pour remonter dans la rivière.

— Encore un verre d'eau-de-vie, et je suis paré.

— A ta bonne chance, Hercule ! dit-il en choquant son verre contre celui d'Hercule d'Apreville.

J'accepte tes vœux, Férouillat, je les accepte de grand cœur ; — maintenant, en route !

— Tu sais, Mathilde, ce que tu as à dire à Noëmi, une partie de chasse...

— Non, maître Hercule ; elle m'a recommandé d'entrer dans sa chambre aussitôt que j'aurai des nouvelles.

— Il faut lui obéir, Mathilde, dit sévèrement d'Apreville en voyant de quel air rechigné Mathilde parlait de Noëmi.

— Que ces pauvres maris sont donc drôles ! pensait Férouillat, — en voilà un qui passe pour un homme qui ne s'endort pas pendant le quart : — eh bien ! il n'a pas vu la pâleur de sa femme quand elle apprit l'accident arrivé à son godelureau. — En voilà une qui n'aurait pas fait des vœux bien ardents pour moi... si elle avait su, — et qui n'aurait pas mieux demandé que de me desservir auprès du bon Dieu, — si le bon Dieu s'amusait à écouter des pécheresses comme elle. — Pauvre mari, va !...

On descendit à la mer. — Mathilde profita d'un moment où Hercule d'Apreville était en arrière pour saisir sa main, qu'elle porta à ses lèvres. Cette main était froide comme un serpent. Elle les regarda partir, puis alla à l'église allumer un cierge devant la chapelle de la Vierge.

Quand elle revint, Noëmi l'avait appelée déjà plusieurs fois.

— Mathilde, lui dit-elle, a-t-on des nouvelles de M. de Sorbières ?

— Oui, madame, dit-elle, le maître m'a envoyé en chercher ce matin.

— Eh bien ?

— Eh bien! ça ne va pas mieux, et ça ne va pas plus mal. Il ne parle pas. On est allé chercher un grand médecin à Paris..... Madame veut-elle déjeuner ?

— Non, je n'ai pas faim. — Hercule est sorti ?

— Oui, madame, avec maître Férouillat... ils sont allés à la chasse ; mais le déjeûner de Madame va refroidir.

— Laisse-le refroidir Mathilde, et laisse-moi ; je vais sortir un peu et prendre l'air, — j'ai une affreuse migraine, — ça me fera du bien.

Pendant ce temps, Hercule et Anthime

avaient rejoint le canot tiré sur la plage, les deux fils de Mathilde le mirent à flots, — s'élevèrent au vent avec les avirons, puis hissèrent la misaine, et on commença à faire de la route, grâce à une petite brise qui ridait l'eau.

— Tu as beau dire, Hercule, dit Férouillat, — ce combat des Américains, ce combat au fusil, — est un combat de cannibales, — un combat de Peau-Rouge et de Huron. — J'aurais mieux aimé te voir arranger l'affaire autrement.

— Pourquoi? Je te dirai ce que tu disais tout à l'heure : — Quand on se bat, il faut bien se taper un peu sur les doigts. — Crois-tu que ta manière d'hier était plus amicale et plus tendre? Crois-tu que la façon dont tu as frappé ton homme parût méprisable aux Siaoux les plus rouges et les plus ornés de chevelures?

— N'importe, il faut qu'un homme soit bien offensé pour se battre ainsi.

— Aussi suis-je très-offensé.

— Vas-tu enfin me dire ton affaire?

— Tu la sauras avant qu'on prenne les fusils.

— J'ai vu une fois un combat pareil. —

C'était dans un bois très-touffu. — Les deux adversaires passaient pour bons tireurs, — et ils se défiaient l'un de l'autre. — Une fois placés, ils commencèrent par s'écarter et se mettre à l'abri. — Il arriva que l'un des deux, après avoir attendu une heure et demie, perdit patience et se mit à la recherche de son homme. — Il s'avança avec prudence, — s'abritant derrière les troncs d'arbres, — et avant de faire un pas et de se découvrir, — jetant un coup d'œil tout alentour. — Il se passa quatre heures encore, et cependant, il ne s'impatienta pas. — Jamais il ne fit un pas imprudent ; — mais, tou-tà-coup, il tomba foudroyé : une balle lui avait percé le sommet du crâne. — Son ennemi, juché au plus haut d'un arbre, n'avait pas bougé et avait attendu patiemment qu'il passât au pied de l'arbre et à sa portée. — Les amis du mort firent des observations...

Les amis du mort n'avaient pas raison, — c'est la règle de ce duel.—Les deux hommes également armés de fusils pareils, — les deux coups chargés, — avec un nombre égal de cartouches dans les poches, peuvent imaginer toutes les ruses possibles. — La seule chose qui leur soit défendue est de sortir d'une enceinte ou d'un rayon convenu. — D'ailleurs, si celui qui était sur l'arbre avait été aperçu, l'autre l'aurait décroché et descendu comme une grive.

— Voici l'île en vue, encore deux petits

faux bords et nous y serons. Que font les témoins pendant ces affaires? dans celle où j'ai assisté en curieux, il étaient allés boire à dix minutes de chemin du lieu du combat.

— Ils avaient parfaitement raison, les témoins, n'ayant aucunes règles à faire observer dans un duel qui n'en a pas, ne pourraient que courir inutilement des dangers.

— Nous pourrons nous tenir dans les canots. — Mais ça, voyons, — d'Apreville, mon vieux, — est-ce qu'il n'y a pas absolument moyen que ça s'arrange, cette affaire-là?

Nous voici dans la rivière.

— Aucun moyen — et tu seras de mon avis quand tu connaîtras les causes du duel.

— C'est cruel d'avoir à te parler de ça... mais tu as une femme.

— Eh bien! oui, — j'ai une femme..... Après?

— Après, tu as un enfant.

— Ma pauvre petite Esther...

— Il peut t'arriver malheur..... quoique j'espère bien le contraire... As-tu pensé à eux, à tes affaires?

— Ah! mon Normand, dit Hercule d'Apreville en souriant, tu veux savoir ce que ma mort peut te coûter. Les affaires auxquelles tu penses, — ce sont les affaires qui concernent la *Belle-Noëmi* et son nouveau capitaine.

— Ah! Hercule... tu me méconnais.

— Non, par le diable! je ne te méconnais pas... Sois tranquille; tout est en ordre. — Ah ça! est-ce que tu crois à l'amitié, — toi?

— Je serais bien ingrat, — tu m'as toujours servi dans l'occasion. — Hier, tu m'as peut-être sauvé la vie, car le jeune homme pour un moment n'était pas manchot, et aurait volontiers fait de ma peau un fourreau pour son sabre ; — et ne vas-tu pas faire ma fortune en me donnant le commandement de la goëlette ?

— Tu te trouves heureux comme cela, Férouillat ?

— Ma foi ! oui, — et sans ta maudite affaire d'aujourd'hui..... Mais nous voilà à terre. — Accoste, Arsène, accoste, — amène la misaine, Césaire. — Bien, garçons, — nous nous retrouverons sur la goëlette.

On descendit dans l'île, — Hercule prit les

deux fusils. — Les deux matelots, fils de Mathilde, qui avaient sans doute reçu d'avance leurs instructions, reprirent le large et allèrent mouiller à une trentaine d'encablures de l'île près de la terre.

— Je ne vois pas d'autre embarcation, dit Férouillat.

— Faisons le tour de l'île.

L'île avait à peu près un quart de lieue de tour, — elle était plantée de saules au tronc énorme et bizarre — dont les branchages formaient un berceau épais. — Hercule, qui y était venu la veille cependant, — examinait avec attention.

Le tour de l'île parcouru, Férouillat regarda au loin du côté de la mer.

— A moins, dit-il, que ton adversaire n'ait jugé plus magnifique de se faire transporter par le brick que je vois là-bas... Il n'y a pas une embarcation à portée de vue — et Férouillat a des yeux qui rapprochent. Allons, allons ! ton adversaire ne viendra pas.

— Je n'ai pas d'autre adversaire ni d'autre ennemi que toi, — et il ne sortira de cette île qu'un de nous deux.

— Es-tu fou ?

—Je l'ai été le jour où j'ai cru à l'amitié,— où j'ai confié à un voleur et à un traître ma maison et ma femme.

— Je ne comprends pas... Hercule, — je ne comprends pas du tout.

— Je vais, gredin que tu es — t'épargner des mensonges ; je sais absolument tout — c'est moi qui ai rendu nécessaire ta querelle avec le Sorbières — car tu reculais, tu es lâche!...

— Hercule !

— Mets-toi en colère — ça te donnera du cœur.

— Prends garde !

— Je ne voulais pas me risquer contre le Sorbières, et je t'ai aidé contre lui parce que je me réservais ta punition. — Lui, il a fait son état : il a trouvé une femme jeune et jolie, de bonne volonté, une femme déjà perdue, il a profité de l'occasion. Pourvu qu'il meure, pourvu qu'il n'existe plus, — je ne tiens pas à le tuer moi-même, — mais toi, c'est différent.

— Allons ! Hercule, reprends ton bon sens : des apparences, peut-être.

— Ah ! des apparences ! et pourquoi

haïssais-tu M. de Sorbières ? parce qu'il était ton rival... Je te le répète, je sais tout..... Je puis te dire le premier jour où tu es resté trop tard chez moi. Je sais tous les détails..., leur date, le jour, l'heure..... mais cela m'étrangle d'en parler. Nous allons nous battre : tu sais les conditions du combat?

— Je ne me battrai pas avec toi.

— Ah, tu crois ?...

— Non, un camarade de trente ans.

— Tu aurais dû y penser lorsque tu me trahissais. — Ah! ce Jean faible ne veut pas se battre honnêtement avec moi et il veut bien m'assassiner par derrière! — Pas de pleurnicheries. — Il faut en découdre.

— Non...

— Ecoute, tu sais si je tiens ma parole. — Eh bien! si dans deux minutes tu n'es pas décidé, — je te tue avec mon couteau. Allons donc! on est traître, on est menteur, on est fourbe, on est voleur : — est-ce que décidément on est lâche?

— Hercule, tu sais bien que non.

—Ma foi! je n'en sais rien : tu n'avais pas trop envie de te battre hier.

— Eh! imbécile, c'était ta femme qui me le défendait.

— Ah! maintenant que tu as avoué...

— Écoute... c'est bête, ça. — Demain je quitterai le port, — et nous ne nous reverrons pas.

— Tu quitteras le port demain, si tu me tue aujourd'hui. — Les deux minutes sont passées.

Et Hercule d'Apreville — tira et ouvrit un grand couteau. — Ses yeux étaient injectés de sang.

Anthime Férouillat, qui connaissait de longue date son extrême violence, vit qu'il n'y avait pas moyen de reculer.

— Tu le veux? dit-il. — Deux vieux amis de trente ans pour une femme...

Hercule lui cracha au visage et dit :

— Choisis ton fusil.

Anthime, pâle, prit un des fusils sans répondre.

Hercule ajouta :

— Maintenant, voici quatre cartouches — prends-en deux.

Anthime, étourdi, comme enivré, prit au hasard deux des cartouches.

— Voici huit capsules — à chacun quatre.

Anthime prit quatre capsules.

— Maintenant séparons-nous. — Prends ta montre, dans cinq minutes juste on se mettra en marche. — J'ai accepté tes vœux de ce matin, et je compte sur la justice de Dieu.

En disant ces mots, d'Apreville s'éloigna en courant et disparut dans les saules.

En ajoutant : « Et comme Dieu demeure

très-haut, et que je suis sûr d'avoir raison, il n'y a pas de mal d'aider un peu cette justice. »

Il s'éloigna d'abord jusqu'à l'extrémité de l'île, — jeta au loin les deux cartouches que lui avait laissées Férouillat sur les quatre entre lesquelles il avait choisi, — et dans le creux d'un saule dont il avait cassé une branche la veille afin de le reconnaître facilement, — il trouva une boîte étaient où d'autres cartouches avec lesquelles il chargea son fusil.

Celles qu'il avait jetées contenaient parfaitement des balles, — mais elles ne renfermaient de poudre qu'à l'extrémité où l'on pouvait les déchirer, — le reste était du charbon pilé.

— Me battre, — se dit Hercule d'Apreville, — pour que, moi mort, il ait la femme et la goëlette; — non! non! ce serait une folie, je vais le tuer comme un chien.

Puis il regarda à sa montre, — les cinq minutes étaient passées, il se glissa derrière les saules, en se rapprochant de l'endroit où il avait laissé Anthime.

Comme il marchait, le col tendu, la main droite sur le chien de son fusil, — il entendit tout-à-coup du bruit derrière lui, — il se retourna vivement, — et se jeta derrière un arbre ; en voyant Férouillat qui le mettait en joue, — il avait décrit un circuit sans être aperçu et sans faire de bruit.

Férouillat, de son côté, — se voyant découvert, se mit à l'abri d'un gros saule.

Tous deux se trouvaient à une portée ordinaire de fusil.

Hercule se découvrit le premier.

Anthime ajusta, mais se découvrit à son tour pour ajuster.

Deux coups partirent à la fois. La balle

de d'Apreville s'enfonça dans le saule ; il ne vit nulle part celle d'Anthime.

Il sourit amèrement, se découvrit tout à fait et avança, en tenant son fusil prêt, jusqu'à dix pas de l'abri où se cachait Férouillat.

Puis, il s'élança d'un bon de côté, et, le voyant alors tout entier à découvert, il ajusta avec la rigidité de la pensée.

Et deux coups partirent encore en même temps.

Tous deux tombèrent.

Férouillat avec un horrible juron — d'Apreville sans rien dire — si ce n'est :

— Ah ! le Normand ! Ah ! le renard !

En effet, après une minute qu'il lui avait fallu pour se remettre à la fois et de la ruse ou de l'insulte — et de la stupéfaction où ce brusque revirement de ses espérances l'avaient jeté, — Anthime Férouillat, qui, depuis la veille, avait eu à plusieurs reprises de vagues soupçons, avait vu qu'il fallait se battre, et se battre le mieux possible, — sans rien négliger.

Il avait tâté une des cartouches et elle lui

avait paru suspecte, il l'avait percée légèrement au milieu; et avait mis sur sa langue quelque grains noirs un peu trop fins à son gré qui en étaient sortis ; — il avait tout deviné, — il avait tiré les balles des cartouches, et avait rapidement chargé son fusil avec les balles et avec la poudre qu'il tira de ses pistolets.

Il avait compris en même temps que le piège que lui tendait Hercule donnait à lui, Férouillat, un immense avantage, parce que Hercule, le croyant à moitié désarmé, négligerait naturellement de se mettre à couvert.

D'Apreville, de son côté, se sentant griè-

vement blessé, comprit ce qui s'était passé.
— Il souffrait horriblement.

Férouillat s'écria :

— Te voilà bien avancé ! — Deux braves gens... pour...

Hercule ne répondit pas, — il se traîna en rampant du côté où gisait Férouillat. — Celui-ci, qui le vit approcher comme un serpent, les yeux ardents, — l'écume à la bouche, essaya de se traîner plus loin ; — la chose lui fut impossible, il avait la cuisse brisée, — il se rassura quand il s'aperçut que d'Apreville n'avait plus la force d'avancer et était retombé inerte sur l'herbe, — mais bientôt celui-ci — après un instant de repos, reprit sa marche rampante, toujours sans parler.

Quand il ne fut plus qu'à trois pas de Férouillat, Férouillat eut tout à fait peur; il essaya encore de s'éloigner, — mais en vain, — d'Apreville saisit une de ses jambes et s'en servit pour se hisser jusqu'à lui. — Ce n'était pas la jambe blessée, — Férouillat la débarrassa, et chercha à repousser son ennemi à coups de pieds; — mais, outre que la douleur intolérable que lui causait le moindre mouvement ne laissait guère de force à ses coups, d'Apreville, sans parler, sans essayer de se garantir, recevait les coups, mais continuait à avancer. — Alors Férouillat le saisit et essaya de l'étrangler ; — mais il sentit alors un froid mortel lui glacer le cœur. — C'était le couteau d'Hercule d'Apreville, que celui-ci lui enfonçait dans la poitrine, et qu'il faisait tourner dans la blessure ; ses doigts se crispèrent autour du col de d'Apreville, qui perdit la respiration ; mais tout-à-coup les doigts se détendirent, — Anthime poussa un hurlement de bête féroce et expira.

A ce cri, les deux frères restés sur le canot se consultèrent et accostèrent l'île. — Ils ne tardèrent pas à trouver deux corps étendus ; — l'un était un cadavre, — l'autre avait la même immobilité, mais respirait encore, — c'était celui de d'Apreville. — Ils le transportèrent dans le canot, sans échanger une parole, et sans même s'assurer si Anthime était bien mort, — puis sortirent de la rivière hissèrent la misaine — et mirent le cap sur la maison du maître.

Mais le vent était court, un canot avec une simple misaine ne pouvait *le serrer* ou aller *au plus près,* — ils n'arrivèrent à terre qu'à la nuit.

Mathilde leur dit ce qu'ils devaient raconter : — Anthime, en chassant, avait, par maladresse, frappé son ami, puis il avait disparu dans l'égarement de son désespoir ; — ils ne l'avaient pas revu.

Elle envoya en toute hâte chez M. de Sorbières chercher le médecin, il était absent. — On y retourna, il ne devait revenir que dans deux heures, il était à plus de trois lieues de là. — Mathilde envoya à la ville chercher l'autre médecin, il était auprès d'une femme en mal d'enfant — et en danger, il lui était impossible de s'absenter.

Quand les fils de Mathilde rapportèrent à la maison le corps sans mouvement du capitaine Hercule d'Apreville, Noëmi était absente; elle était allée le matin chez René; mais la vieille Bérénice lui avait alors appris la vérité. Elle savait que c'était Férouillat qui avait blessé René : elle apprit que le médecin de la localité n'avait rien pu faire espérer et paraissait au bout de son peu de latin, et que M. Sanajou était allé en poste à Paris chercher une célébrité, qui, seule, déciderait du sort de M. de Sorbières.

— Ecoutez-moi, ma bonne Bérénice, avait-elle dit, permettez-moi de le voir un moment.

— Impossible, madame, M. Sanajou m'a défendu de laisser entrer personne dans la chambre de Monsieur, la moindre émotion pourrait être mortelle, et il n'a pas déjà trop de chance pour lui.

— Mais, Bérénice, ne pourrais-je l'apercevoir un moment sans qu'il me vît?

— Dam! s'il lui arrivait, comme hier, d'avoir son accès de fièvre à cinq heures et de s'endormir à la fin du jour, — c'est un sommeil si profond qu'un instant j'en ai eu peur, — alors vous pourriez le voir un moment, car M. Sanajou ne peut arriver que dans la nuit de demain.

Et Noëmi était retournée à l'heure indiquée ; ainsi que l'avait prévu Bérénice, René dormait d'un sommeil léthargique. — Noëmi put contempler ce beau visage pâle et calme, et elle baisa une main qui pendait hors du lit, — puis, cédant aux exhortations de Bérénice, elle sortit et retourna lentement chez elle. — Elle vit d'en bas de la lumière dans la chambre de son mari, mais elle ne s'en inquiéta pas. La mansuétude d'Hercule, et l'entière confiance qu'il montrait depuis quelque temps, étaient telles qu'au besoin elle aurait dit qu'elle était allée, en se promenant, prendre des nouvelles de M. de Sorbières.

Elle sonna une fois, — deux fois, — personne ne vint : elle appela, sonna encore. — Enfin, on ouvrit la porte. — Mathilde, dit-elle, j'ai sonné pendant un quart-d'heure.

— Ah! dit Mathilde, j'ai bien autre chose à faire qu'à ouvrir la porte, il s'en passe de belles dans la maison!

— Et que se passe-t-il?

— Montez, et vous verrez sur son lit le maître qu'on vient de rapporter à moitié mort.

— Qui... à moitié mort? M. d'Apreville... mon mari!

— Oui, votre mari, madame, et c'est pour cela qu'il va mourir !

— Qu'est-ce qu'elle dit?... Allons! laissez-moi passer, que je le voie.

Et Noëmi gravit rapidement l'escalier.

Le capitaine n'avait pas encore repris connaissance. Cependant sa respiration était plus forte, son teint plus vivant. — Il ne tarda pas à ouvrir les yeux, — puis les referma et s'endormit.

Noëmi était écrasée, anéantie; il lui semblait qu'elle était la proie d'un horrible rêve.

— Elle se levait brusquement, avec l'espoir de se réveiller, et retombait immobile sur son siége.

Partout des blessures, partout du sang, partout la mort! — Mais ce nouveau malheur, elle ne pouvait se l'attribuer... Elle questionna Mathilde qui lui répondit à peine ; elle s'adressa à Césaire, — elle n'apprit que ce que Mathilde avait ordonné à ses fils de dire. — Le capitaine. Férouillat avait en chassant atteint par maladresse d'Apreville d'un coup de fusil ; en voyant son ami sans connaissance, le croyant mort, il s'était jeté sur lui en pleurant, puis s'était enfui, — sans doute, il s'était à lui-même tiré un coup de fusil. — Les fils de Mathilde avaient entendu une détonation, — mais, occupés de transporter leur pauvre maître, ils ne s'étaient pas occupés de Férouillat.

— Mon Dieu ! pensa Noëmi, Férouillat l'a-t-il assassiné ?... par jalousie. — Oh ! non, dit-elle en se rappelant, — non ! — Férouillat n'avait rien à gagner à la mort d'Hercule, et il y perdait la goëlette. — Non, je n'ai pas encore ce nouveau malheur à me reprocher.

Elle se retira dans la chambre en recommandant à Mathilde de la prévenir aussitôt que M. d'Apreville se réveillerait ; puis, s'enfermant, elle se livra avec une sorte de volupté à répandre les larmes qui l'étouffaient.

Au bout de quelques heures, Hercule d'Apreville ouvrit encore les yeux — et s'éveilla — il se rappela lentement ce qui s'était passé, porta la main à sa blessure — et dit :

— Ah ! le Normand !

— Ah ! mon maître, mon pauvre maître !

— Tais-toi Mathilde, — le Normand m'a peut-être tué, — mais il est mort avant moi.

— Ah ! quelle joie de lui tourner le couteau dans le cœur.

— Maître Hercule, — elle a dit de la prévenir quand vous ouvririez les yeux.

— Attends un peu... apporte auprès de mon lit cette cassette dans laquelle sont mes papiers. — Bien ! après tout je ne suis pas encore mort, et je suis deux fois revenu de plus loin que cela.

A-t-on appelé un médecin ?

— Le médecin d'ici qui a passé l'autre nuit auprès de M. de Sorbières a été obligé de faire sa tournée de malades, il ne rentrera que dans une demi-heure, à présent.

— Il m'en faut pourtant un.

A ce moment, Noëmi, qui avait entendu parler, ouvrit la porte.

— Mon pauvre ami, dit-elle, quelle horrible chose ! — Quel malheur ! — Comment vous trouvez-vous ?

— Je me trouve encore vivant, mais cela durera-t il ? Peut-être un médecin en saura-t-il plus long... Ne me faites pas parler,

Noëmi, cela me fait horriblement mal...

— Est-on retourné chez le médecin? dit Noëmi à Mathilde.

— On l'enverra aussitôt qu'il arrivera.

— Mais, j'y pense... ce grand médecin qu'on attend pour M. de Sorbières... c'est un coup de la Providence. Mathilde, envoyez Arsène chez M. de Sorbières, — qu'il recommande de dire à M. Sanajou... non, je vais écrire...

Et elle écrivit à la hâte et donna le papier plié à Mathilde, qui envoya Arsène. Il y avait sur le papier :

« Monsieur, M. d'Apreville vient d'être rapporté grièvement blessé... un accident de chasse... Aussitôt que le médecin que vous amenez ici aura vu votre ami, suppliez-le de venir ici... à l'instant même.

« N. D'APREVILLE. »

Il est difficile d'imaginer une situation plus cruelle que celle de Noëmi : — par moments auprès de son mari blessé, — peut-être mourant, — elle l'oubliait entièrement, et ses yeux à demi fermés lui montraient René de Sorbières étendu sans mouvement sur un autre lit de douleur. — Puis tout-à-coup elle s'éveillait de ces pensées et s'agitait inutilement autour d'Hercule d'Apreville, qui souffrait horriblement et qui, les yeux fermés, feignait de dormir pour se livrer plus entièrement à ses pensées.

— Pour Noëmi je suis encore, se disait-il, cette bonne dupe, si aveugle, si confiante, si bête, que j'ai fait semblant d'être depuis que j'ai été certain de mon affaire, — depuis que, sûr de la trahison, j'ai résolu la vengeance.

Voici l'infâme Normand mort ; — l'autre ne vaut guère mieux. — Ah ! si je ne mourais pas, — j'emmènerais Noëmi loin, bien loin ; — je lui ferais honte de sa conduite, de son ingratitude... — Ah ! que je souffre ! — J'aurais le droit de l'isoler... — D'ailleurs, je ne la quitterais plus; car, malgré ses crimes, je suis amoureux d'elle...

Et le malheureux, entr'ouvrant les yeux, examinait avec plaisir le beau visage pâle et les formes élégantes de sa femme.

— Elle sera à moi, bien à moi; — il n'entrera plus un seul homme dans ma maison... Oh! le maudit Normand! — Que je souffre!... — Si un homme fait mine de vouloir devenir mon ami, je lui chercherai querelle, je le tuerai... — Qu'elle est belle! — mais ça me fait mal, — ça irrite mon sang et ma blessure de la regarder. — Bah! on revient de loin, — et le coffre est bon. — J'ai déjà eu une fois une lame d'épée qui m'a traversé le corps de part en part; — je ne sens rien de détraqué en moi.

— A ce moment arriva le médecin de la ville, le premier que l'on avait été chercher.

Il examine la blessure, — la balle a pénétré au-dessous du sein gauche, obliquement, d'avant en arrière; — le médecin introduit un stylet assez profondément sans la rencontrer; il la suppose, dit-il, perdue dans l'espace axillaire, — sous les muscles pectoraux; — le malade ne présente pas de dyspnée, ajoute-t-il, — ses traits ne sont que peu ou point altérés, — il ne tousse pas, — les symptômes généraux ne laissent même pas à supposer que la balle en rasant les côtes ait pu les léser, — la plaie ne rend pas de sang, — le trajet de la balle n'est pas douloureux. — Il n'y a pas grande avarie, dit-il en résumant ses investigations — au moment de la suture, nous nous occuperons d'extraire la balle, — probablement il se manifestera quelque gonflement inflammatoire, il faudra débrider à l'endroit où nous supposerons le projectile et nous le mettrons dehors.

Le blessé n'est nullement en danger, et, s'il a faim, il n'y a aucun inconvénient à ce que demain matin il prenne un bouillon. — Du reste, je reviendrai. — Capitaine d'Apreville, ajouta-t-il, vous en êtes quitte à bon marché. — Vous êtes plus heureux que M. de Sorbières, dont la vie ne vaut pas, à l'heure qu'il est, une pipe de tabac. — On est allé chercher un médecin de Paris. Ils peuvent bien venir tous, les médecins de Paris. Tout ce que je demande, et je le demande sans l'espérer, c'est qu'il vive assez longtemps pour lui mourir dans les mains, à ce fameux médecin. Allons! capitaine d'Apreville, dans huit jours je m'invite à dîner ici, et nous dînerons dans la salle à manger.

Il partit. Noëmi le suivit et se fit confirmer les deux pronostics : Hercule vivrait, mais René de Sorbières n'avait plus à compter que des heures.

Une des choses vraies qu'on ne permet pas volontiers de dire aux romanciers, — c'est qu'une femme peut aimer à la fois son mari et son amant ; — j'ai vu même souvent les femmes préférer l'amant à l'époux dans les circonstances ordinaires de la vie, mais sacrifier l'amant à l'époux dans les grandes catastrophes.

Les premiers romanciers ont commencé par portraire des exceptions, des modèles de fidélité, d'abnégation, d'amour exclusif. —

Cela avait de la noblesse; on a affiché ces sentiments très-rares dans la vie ordinaire; on les a portés comme on porte des chapeaux ou des robes d'après une pièce de théâtre à succès. — Il a été tacitement convenu que chacun ferait semblant d'attribuer ces grands sentiments aux autres, à condition qu'on les lui reconnaîtrait à lui-même sans contestation. Les façons et les degrés d'épreuves, les diverses positions et les sentiments sont aussi variés que les visages et les organisations, mais on est convenu que tout le monde aimait de la même manière et au même degré, c'est-à-dire au degré le plus élevé, ceux qui passent pour honorables ou éclatants, même quand il s'agit de sentiments contradictoires, de passions exclusives les unes des autres.

De même que peu de personnes ont le tempéramment sanguin, lymphatique ou bilieux absolument, mais ont un tempéramment composé d'un ou deux de ces éléments dans des proportions très-différentes; de même que le vent soufle naturellement beaucoup moins du sud, de l'ouest, de l'est ou du nord précisément que l'un des vingt-huit points intermédiaires, on n'est pas souvent un modèle achevé d'amour conjugal exclusif, mais on n'est pas souvent un monstre complet qui ne peut aimer un autre homme sans haïr avec passion celui que l'on trahit;

— on n'est pas fréquemment non plus une de ces mères couveuses qui ne vivent plus que pour leurs enfants, — mais on est rarement aussi une marâtre; les caractères francs, complets, tranchés, sont des exceptions qui ne se manifestent que par intervalles. D'ailleurs les personnes qui ont à ce degré superlatif telle ou telle passion n'ont pas le moyen d'avoir également les autres. — L'esprit de Noëmi était en ce moment rempli de ces contradictions que l'on n'ose pas s'avouer à soi-même. Son mari vivrait, il avait toujours été pour elle bon et dévoué ; elle devinait à moitié ce qui s'était passé ; et, s'il était mort, il est évident qu'il aurait été tué par la coquetterie et l'ingratitude de sa femme.

Mais René allait mourir; c'était le seul amour de sa vie; — elle repoussa une pensée qui se formulait ainsi : — Si c'était d'Apreville qui mourût, si René survivait — elle pleurerait suffisamment son mari, mais elle épouserait un jour René — elle serait riche, elle aurait un mari qu'elle aimerait, et alors elle renoncerait à la coquetterie.

Je ne vous donne pas Noëmi comme un modèle, je vous la donne comme un spécimen.

Quoi qu'il en soit, sa position était terrible; elle ne pouvait pas pleurer devant Hercule d'Apreville au moment où elle re-

cevait l'assurance qu'elle le conserverait ; —
d'autre part, la pensée de René mourant à
quelques pas d'elle, sans qu'elle pût le voir,
la jetait dans un profond désespoir.

Vers le milieu de la nuit, le médecin de
Paris se fit introduire auprès de d'Apreville ;
— depuis le matin, la blessure avait changé
d'aspect, et il fut clair pour le docteur que
l'artère axillaire était ouverte et que d'Apreville était un homme perdu ; — il lut sur le
visage du médecin, demanda qu'on le laissât seul avec lui — et lui dit :

— Monsieur, je suis un vieux marin que
la mort n'effraie pas, mais, si je me sentais

surpris par elle, je serais désespéré ; j'ai à mettre ordre à certaines affaires qui ne regardent pas que moi : — dites-moi la vérité, — je suis blessé à mort, n'est-ce pas?

— Vous allez trop loin et trop vite, monsieur, la nature est bien puissante, et on revient de loin, — cependant je ne dois pas vous dissimuler que votre état est grave.

— Je comprends, monsieur.

— Prenez garde de vous exagérer la situation ; elle est grave, mais elle n'est pas sans remède.

— Je vais vous aider... comme, après

tout, arranger ses affaires ne fait pas mourir, je vais arranger les miennes.

— Comme vous dites, monsieur, cela ne fait pas mourir.

— Très-bien ; avez-vous vu M. de Sorbières ? il paraît qu'il ne va pas mieux que moi.

— Je ne l'ai pas encore vu ; il dormait, et on est allé chercher, pendant que je venais ici, le médecin qui l'a soigné jusqu'à présent. Aussi vais-je vous demander la permission de vous quitter ; je reviendrai tantôt.

Il pensa d'Apreville, tâcha d'arrêter le

sang, qui, d'abord venait goutte à goutte, s'épanchait largement ; puis il alla auprès de René.

— Ah çà! dit-il à Sanajou, que s'est-il passé dans ce village? on dirait un champ de bataille.

D'Apreville sonna Mathilde, et lui dit :

— Tu vas prendre tes deux fils : un des deux s'installera chez M. de Sorbières ; l'autre viendra de cinq minutes en cinq minutes me dire s'il est mort.

« Ah! se dit-il, s'il meurt avant moi, je

laisserai Noëmi riche et heureuse ; mais je ne veux pas lui laisser Noëmi. »

Il la fit demander. Elle vint s'asseoir auprès de son lit. Il la regardait sans parler, s'enivrant encore de cette beauté qui lui avait inspiré tant d'amour, à laquelle il avait dû tant de bonheur et de si cruelles tortures ! de cette beauté à laquelle il avait immolé René, Férouillat et lui-même !

Il se la présenta restant après lui pour René.

— Oh ! non, dit-il, il va mourir ; pourvu qu'il meure avant moi !

Mathilde entra et dit :

— Le médecin de Paris coupe, taille, saigne; le médecin d'ici hausse les épaules.

Noëmi se leva pour sortir de la chambre :

— Ne me quittez pas Noëmi, vous serez bientôt délivrée de moi.

— Pourquoi désespérer ainsi Hercule... Le médecin de Paris espère vous tirer d'affaire...

Hercule hocha la tête et ne répondit pas.

Un peu après Mathilde revint et dit :

— Césaire ne rapporte qu'une chose, le médecin de la commune ne hausse plus les épaules et dit :

« — Oh ! par exemple ! voilà qui est surprenant ! »

— Renvoie-le tout de suite, Mathilde, mais il ne peut plus rester que le temps d'aller et venir car moi je m'en vas.

En effet, une sueur froide couvrit le visage de d'Apreville, sa respiration était courte, il faisait des soupirs longs et sourds. Mathilde se mit à genoux en pleurant.

— Ne tarde pas, Mathilde, dit-il, fais ce que je te dis :

Noëmi restait comme une statue de pierre ; pour Hercule, il semblait qu'il voulait se rassasier de la voir.

Mathilde rentra.

— Ils disent que M. de Sorbières est sauvé ; sa respiration est revenue ; le médecin d'ici le dit lui-même.

— Ah ! dit d'Apreville, il vivra et moi je meurs ! Envoie encore une fois, Mathilde, et puis ce sera tout.

Ses paupières commencèrent à se recouvrir de temps en temps, ses yeux devinrent vitreux. — Il tenait une main de Noëmi.

— Ne me quittez pas ! murmura-t-il.

Mathilde revint et dit :

— Décidément, il est sauvé; c'est un grand médecin, il vous sauvera aussi, mon pauvre maître, il va venir ici tout de suite.

— Personne ne me sauvera, Mathilde, je sens la mort qui me prend dans ses mains froides. — Laisse-nous, j'ai à causer avec *ma* femme. — Enferme-nous et n'ouvre qu'à ce médecin, s'il veut venir voir qu'il ne s'est pas trompé.

Mathilde obéit et redescendit.

A peine un quart-d'heure s'était écoulé, que le médecin de Paris se présenta.

— Eh bien! monsieur, dit Mathilde, sauverez-vous aussi notre maître?

— Mon enfant, dit-il, il est impossible qu'il vive encore une heure.

A ce moment, on entendit en haut un grand cri désespéré de Noëmi.

Le médecin et Mathilde montèrent en toute hâte. — Ils trouvèrent Hercule d'Apreville mort sur son lit, — et, à côté de lui, assise dans un fauteuil, Noëmi, la tête dans les mains, qui criait :

— Un miroir ! un miroir ! qu'on me donne un miroir !

Deux mois après.

René de Sorbières, une fois débarrassé du sang qui l'étouffait emprisonné dans sa poitrine par la précipitation maladroite du docteur du crû, et n'ayant aucun organe important lésé, ne tarda pas à être en pleine voie de guérison. Cependant le médecin de Paris avait fort recommandé à Sanajou de ne pas permettre qu'il lui vînt du dehors rien qui pût ébranler le système nerveux en lui causant de violentes émotions ou des anxiétés.

*

Il savait qu'Hercule d'Apreville était mort, — le frater n'ayant pu s'empêcher de dire : — J'avais bien dit que cet homme-là était perdu ! — de même qu'il disait de temps en temps : — ***, de Paris, et moi, nous vous avons tiré d'une passe difficile, — mon jeune ami. C'est tenter la science que de se faire donner des coups de sabre comme cela. — Bon pour une fois, mais n'y revenez plus. — Moi, je suis franc, la vérité avant tout ; je ne cache pas ma défiance des Parisiens, de ces lumières qui brûlent plus qu'elles n'éclairent dans les sciences (il avait lu cette phrase le matin même dans un journal religieux), de ces princes de la science, comme on dit. — Eh bien! je ne suis pas du tout mécontent de celui-ci; il a de la main, de la décision.— Vraiment, pour un jeune homme, il a été tout à fait bien. — Dam! ça ne sait que ce qu'on peut savoir à son âge, mais ça sait une grande chose : — ça sait écouter les anciens. — Vous rappelez-vous, Bérénice, un jour qu'il vous demandait de l'eau pour se laver les mains après avoir pansé notre blessé d'accord avec moi, — j'ajoutai : — De l'eau un peu tiède — *tipida,* — cela est plus dé-tersif — *melciùs diluit;* — il répondit très-gracieusement : — Merci! mon ancien;

parfaitement raisonné, *diserte dictum*.

Mais, si l'on avait appris à René de Sorbières la mort de d'Apreville, dont on ne lui savait pas de raison de s'affliger immodérément, — on ne lui avait pas raconté les détails, — car l'on avait fini par savoir comment Férouillat avait disparu, — de la tuerie qui avait épouvanté cette petite bourgade, si paisible d'ordinaire, et que j'aurais à peine osé raconté, si je n'avais pour excuse et pour modèle celle bien plus sanglante qui signala la restauration d'Ulysse dans son royaume d'Ithaque, — et songez que sa Pénélope à lui était restée sage et fidèle : qu'aurait-ce donc été, s'il s'était trouvé trompé, trahi comme le malheureux capitaine et par sa femme et par son ami ?

On n'apprit pas non plus à René que, si Noëmi avait dit en partant qu'elle allait auprès de son amie Julie Quesnel, on avait de fortes raisons de croire qu'elle avait pris une autre direction, et qu'en réalité personne ne savait où elle était.

Il est vrai que la directrice de la poste n'avait pas caché qu'elle avait reçu l'ordre de retourner à madame Julie Quesnel, à Paris, les lettres adressées à madame Noëmi d'Apreville. Mais un habitant du pays qui était allé à la capitale s'était assuré que madame d'Apreville n'y *résidait* pas.

René avait écrit cinq ou six lettres à Noëmi sous le couvert de madame Quesnel, — mais n'avait pas reçu de réponse. — Sanajou, qui avait plusieurs fois fait le voyage de Paris pour ses affaires personnelles, et qui pensa qu'il pouvait y retourner tout à fait, promit à son ami de faire une visite à madame Quesnel et d'en tirer quelque chose, — car, de quinze jours au moins encore, René, qui commençait à faire quelques pas dans sa maison et dans son jardin, ne serait en état de faire un trajet en voiture.

Julie Quesnel à Noëmi d'Apreville.

« Malgré ta recommandation de ne pas t'envoyer les lettres de M. de Sorbières, je t'en fais un paquet que tu recevras avec celle-ci.

« J'ai vu hier son ami, M. Sanajou : c'est une affection réellement touchante ; — si tu n'as pas modifié tes intentions de retraite, si c'est pour toujours que tu as renoncé au monde, il faut l'en avertir de façon à lui ôter tout espoir ; plus tu attendras, plus le coup que tu as à lui porter sera rude et accablant.

« Je regrette chaque jour ta promptitude à aller t'enfermer dans cette communauté avec ta cousine, sans être venue me voir aussitôt ton veuvage — j'aurais pesé avec toi tes raisons de passer le reste de ta vie dans la pénitence et la réclusion.

« Je comprends de quel désespoir tu as pu être frappée en voyant les funestes résultats d'une coquetterie qui est rarement punie avec tant de sévérité. Deux hommes morts, un autre en danger, il y avait de quoi, certes, faire réfléchir la plus forcenée coquette et lui faire prendre pour l'avenir des résolutions meilleures. S'il te devenait loisible, d'ailleurs, d'appliquer très-doucement les règles d'une morale nouvelle, rien ne t'empêche plus d'épouser l'homme que tu aimes, et la vertu dans cette union mieux assortie ne te demandait que d'être heureuse. Je crains, ma chère Noëmi, que les saintes personnes qui t'entourent, accoutumées à ne voir le salut que hors du monde, se soient fait un devoir de cultiver, outre mesure, des dispositions pour la retraite qui, chez toi, ne devraient être que passagères. — Il n'est pas commode de causer de ces choses-là par lettres; — ne peux-tu sortir quelques jours et les venir passer avec moi? — Si cela ne se peut, mon mari ne me refusera pas de me conduire près de toi.

« Certes, il te blâme de ta coquetterie et de tes torts envers d'Apreville avec cette sévérité qu'ont tous les hommes pour les fautes que l'on ne commet pas à leur bénéfice; mais cependant, il prétend que, s'il est juste que tu aies des chagrins et du repentir, cela doit avoir des limites; que la vie cloîtrée ne convient ni à tes habitudes, ni à ton esprit, ni à ton cœur, et qu'il n'est pas de couvent où le diable n'ait un petit autel invisible.

« En tous cas, écris à M. de Sorbières, peut-être lui réserves-tu le triomphe et la gloire de te faire renoncer à une décision qui, je l'espère, n'est pas définitive.

« Esther vient tous les dimanches passer la

journée ici avec mes enfants, et elles retournent à leur pension.

Julie. »

Noëmi d'Apreville à Julie Quesnel.

« Oui, tu as raison, il faut que nous nous voyions, — mais plus tard... dans quelques mois. C'est toi qui viendras ici, car, moi, je ne sortirai plus de cet asile où j'ai abrité mon désespoir ; lis ma lettre à René, elle exprime mes sentiments sans exagération, sans emphase. Loin de chercher à me confirmer dans mes idées, ma cousine me tient à peu près le même langage que toi. — Il se peut que cette vie ne convient pas aux femmes qui ont vécu dans le monde ; — mais, crois-moi, Julie, ma résolution est immuable, quand nous nous reverrons, tu en seras convaincue.

— Adieu, fais parvenir cette lettre.

Noëmi d'Apreville à René de Sorbières.

« J'apprends par vos lettres, mon cher René, que vous êtes enfin remis de cette terrible blessure, — vous le troisième de ceux que j'ai assassinés, — et que vous voulez bien ne pas me haïr. — Mais, mon cher René, il faut que je vous fasse encore un peu de mal, en vous déclarant la résolution inébranlable que j'ai prise de renoncer au monde et de finir ma triste et criminelle existence dans une maison de retraite dont je ne passerai plus le seuil.

« Vous êtes encore amoureux de moi, René, et ce prestige vous empêche de voir mes crimes; ces flots de sang répandu, ces trois hommes devenus furieux et s'entredéchirant comme des bêtes sauvages; — ces deux amis liés dès l'enfance, se tuant traîtreusement à coups de fusil et à coups de couteau, — et tout cela à cause de moi, tout cela à cause de ma coupable coquetterie! Ces deux spectres de Férouillat et de d'Apreville se dresseraient entre nous. — Non, René, je ne serai jamais à vous ; — il faut que j'expie mes crimes en cette vie. — Je crois que Dieu n'exige pas que je cesse de vous aimer ; — vous aimer et vivre loin de vous, ne vous revoir jamais, c'est un supplice au contraire qu'il acceptera comme un à-compte sur ceux qu'il réserve aux damnés.

« Ne cherchez pas à ébranler ma conviction ; — ne cherchez pas à me revoir ; — — vous aggraveriez mon chagrin, je le veux bien — mais aussi le vôtre, et vous, vous êtes un honnête homme, vous n'avez pas de rançon à payer à la justice divine. — Cherchez à vous résigner ; je vous aimerai toute ma vie — toute ma vie sera partagée entre Dieu et votre souvenir. — Vous trouverez une autre femme plus digne de vous; — jusque-là, écrivez-moi quelquefois : le plaisir que me causeront vos lettres porte avec lui son expiation, car j'ai renoncé et je renonce devant vous à cet amour qui m'a été si précieux.

« Noëmi. »

Julie Quesnel à Noëmi d'Apreville.

« Voici une circonstance qui va peut-être t'embarrasser : — mon mari, qui est le coupable, prétend, au contraire, qu'à moins que tu ne sois devenue tout à fait idiote, tu seras enchantée de son indiscrétion.

« A vrai dire, au moment où il a dénoncé ta retraite à ce malheureux René qui est arrivé à Paris et chez moi malgré l'avis des médecins, encore pâle et souffrant, j'allais peut-être céder comme lui.

« Pourquoi, Noëmi, ne jouirais-tu pas des délices d'un amour permis, pourquoi n'épouserais-tu pas M. de Sorbières? Je lui ai fait les seules objections sérieuses que tu pourrais faire; — je lui ai demandé s'il était bien sûr que tes torts envers ton premier mari ne donneraient pas au second de la défiance et peut-être peu d'estime pour toi ; — il m'a répondu à ce sujet des choses médiocrement sensées, mais néanmoins, et peut-être à cause de cela, parfaitement rassurantes. Il t'aime très-tendrement et très-passionnément. Il part après avoir passé une journée chez son ami Sanajou. Il veut entendre de ta bouche que tu renonces à lui et à son amour. J'espère qu'il te ramènera. Il serait étrange que tu n'eusses voulu être à cet homme que lorsque c'était un crime, et que tu t'y refusasses opiniâtrement aujourd'hui que l'amour serait une vertu, la seule vraie vertu des femmes.

« Je t'embrasse,

« JULIE. »

Noëmi d'Apreville à Julie Quesnel.

« Eh bien ! il est venu, je l'ai vu, j'ai entendu sa voix, et il est reparti sans m'avoir même entrevue.

« Je suis brisée.

« Je t'écrirai demain. »

Noëmi d'Apreville à Julie Quesnel.

« Il faut pourtant que tu saches tout, car, sans cela, tu me croirais folle d'être insensible à l'amour de cet homme, et tes lettres finiraient par me tuer avec leurs excellents raisonnements. Je ne suis pas folle : je ne suis que malheureuse, désespérée ; car je l'aime, je l'adore, et jamais il ne me reverra. Tes raisonnements ne te paraissent excellents que parce que tu ne sais pas. Apprends donc ! Mais je te demande, je te demande en grâce de brûler cette lettre aussitôt que tu l'auras lue ; ou plutôt — pardonne cette défiance — renvoie-moi les morceaux déchirés : je la brûlerai moi-même.

« Oui, hier, j'ai entendu sa voix prononcer mon nom et me demander à la tourière ; — oui, avertie par ta lettre et l'œil aux aguets, — je l'avais vu entrer toujours beau, toujours noble, — pâle et un peu courbé de cette blessure reçue à cause de moi ; — oui, ma cousine la supérieure est venue m'avertir qu'il me demandait au parloir, — quelques pas, et je le voyais, et j'étais auprès de lui, et j'ai refusé — et j'ai entendu refermer la porte sur lui.

« Écoute donc pour savoir où j'ai pris cette force qui me laisse écrasée et détruite : toi seule... Julie... toi seule sauras ce fatal secret, que je t'ai d'abord caché, que je voulais le cacher toujours. — Sur la tête de tes enfants, Julie, ne le confie à personne, — je me tuerais en te maudissant.

« Lorsque M. d'Apreville sentit les approches de la mort, et qu'il apprit en même temps que René était sauvé, — il dit à Mathilde :

« — Laisse-moi seule avec ma femme et ferme la porte.

« Il me fit asseoir sur son lit après m'avoir ordonné de mettre tout à fait à sa portée une cassette dans laquelle étaient ses papiers ; il me prit la main et me dit :

« — Noëmi, votre beauté a été la joie et le désespoir de ma vie. — Je sais tout ; —

c'est moi qui ai essayé de faire tuer M. de Sorbières par Férouillat; c'est moi qui ait tué l'infâme Férouillat que je m'étais réservé.

« Je voulais me jeter à genoux, il me retint et m'interrompit :

« — Écoutez-moi sans me répondre, je sens que j'ai très-peu de temps devant moi. Votre beauté était mon trésor, ma vie — vous me l'avez vendue, car vous ne m'aimiez pas, Noëmi; ce que vous aviez cherché dans le mariage, c'était la liberté, l'aisance, les commodités de la vie.

« Si je n'étais pas mort tué par ce Normand de Férouillat, ou si M. de Sorbières seulement était mort avant moi, je ne vous aurais pas dit ce que je vous dis là. — Mais je meurs, et... l'autre reste. Ce que vous avez voulu, c'est la fortune : je vous laisserai riche. Cette cassette contient des papiers qui laissent tout en ordre, et le laissent à vous seul. — Mais... allez voir si cette porte est fermée.

« J'y allai ; pendant ce temps, il ouvrit la cassette et y remua je ne sais quoi ; — je revins auprès de lui.

« — Vous serez riche, répéta-t-il.

« Et sa voix haletante, entrecoupée de hoquets, annonçait qu'il ne se trompait pas.

« Vous aurez donc ce que vous avez voulu, — mais... approchez-vous de moi.

« Il m'inclina sur lui.

« — Mais cette beauté que vous m'avez vendue, que j'ai achetée, pour laquelle je meurs, je l'emporterai avec moi.

« A ce moment, de son bras gauche il me serra contre lui en m'enfonçant ses ongles dans le dos, — puis de l'autre main il m'appliqua sur le visage un mouchoir mouillé qui me brûla ; — nous jetâmes ensemble un grand cri.

« On monta, il était mort. — Moi, je demandais un miroir. — Mathilde, sans m'écouter, sortit en courant pour aller prévenir le prêtre, espérant qu'il n'était pas mort tout à fait. — Quand je fus seule avec le médecin, — je lui dis :

« — Mais moi, monsieur, moi, que m'a-t-il fait ? Je brûle.

« Le médecin fit un mouvement d'horreur ; il me pansa.

« — Un miroir! un miroir! disais-je.

« — Quand vous serez pansée, répondait-il.

« — Alors seulement je vis ma figure, mais cachée par la charpie — un œil était fermé.

« — Monsieur, dis-je, serais-je défigurée?

« — Hélas! madame, probablement.

« — Monsieur, dis-je en me jetant à genoux — au nom du ciel ! — emmenez-moi d'ici et que personne ne sache rien !

« — Mais c'est impossible, vous devez souffrir beaucoup, et le transport !...

« — Cela ne fait rien, je veux partir d'ici... emmenez-moi, je sais que vous retournez à Paris.

« — Ma chaise est à votre porte.

« — Emmenez-moi... que personne ne sache rien ici.

« Il me laissa dans ma chambre, — dit à Mathilde que j'étais très-frappée, peut-être folle, qu'il allait m'emmener. — A la faveur de l'obscurité et du mouchoir que je tenais sur mon visage, je pus monter dans la chaise du docteur sans être vue ; je souffrais les tortures de l'enfer ; — mais je ne pensais qu'à ne pas être défigurée, laide, — là où était René.

« A Paris, le médecin me mit dans une maison et me soigna ; il prétendit m'avoir guérie. — Alors j'allai chez ma cousine. — Je ne te donnerai aucuns détails. — Inutile de te dire que je suis défigurée, hideuse, — et que l'implacable d'Apreville a emporté, comme il le disait, cette beauté si funeste, mais si regrettable, — cette beauté sans laquelle une femme est la plus ruinée, la plus misérable, la plus dénuée des créatures. — J'ai voulu me tuer, mais je me suis lâchement laissé donner des raisons banales par ma cousine pour renoncer à ce projet. — Je voulais te cacher à toi-même cette horrible histoire.

« Être laide !

« Il n'y a pas de miroir dans mon appartement, pas plus que dans les cellules des religieuses cloîtrées. — Personne ne m'a vue laide que le médecin et les femmes d'ici qui n'en sortent et n'en sortiront jamais. Dans l'esprit de tous ceux qui m'ont connu, j'ai gardé mon visage d'autrefois. — Je ne suis laide qu'ici où personne ne me voit ; mais je suis belle dans la mémoire et dans le cœur de René, où je vis, où je vivrai d'une vie d'amour.

« L'autre jour, — quand il est venu, — je m'étais levée de bonne heure ; la matinée était fraîche et riante ; — une petite brise secouait légèrement les arbres, et faisait tomber de leur cîmes parfumées et des pétales d'aubépine et des chants de fauvette. — Je descendis au jardin — les fleurs entr'ouvraient leurs corolles éclatantes et humides de rosée, — les insectes ailés bourdonnaient dans l'air ; — une douce ivresse remplit mon cœur et l'inonda de jeunesse, de bonheur et d'amour ; — tout semblait comme moi être jeune et aimer ; — tout ce qui était proche, tout ce qui se touchait paraissait se rapprocher ou se caresser, jusqu'aux colimaçons qui sortaient des bordures de buis et se cherchaient, et paraissaient moins hideux. — Il y avait près de quatre mois que je n'avais vu mon visage ; il me sembla que je ne devais plus être laide, que le printemps, que l'amour, avaient dû tout réparer. — C'est à ce moment que j'entendis tinter la grosse cloche de la cour et que je me hâtai de monter à ma chambre. — J'entendis, je reconnus la voix de René, — je faillis aller au devant de lui. — Quand ma cousine vint me parler, j'allais presque céder; — tout à coup je demandai un miroir; — il n'y en avait qu'un dans la maison, chez une autre pensionnaire comme moi ; on alla le lui demander. — Je me regardai et je dis à la supérieure :

« — Ma cousine, dites que je ne reçois et ne recevrai jamais personne, et que je mourrai sans sortir de cette maison. Du reste, j'écrirai à M. de Sorbières.

« Il insista, sans doute, car j'entendis des voix un peu confuses ; puis la porte de la cour s'ouvrit en criant sur ses gonds ; et elle se referma avec un bruit qui fit frissonner la maison silencieuse : c'était mon tombeau qui se refermait sur moi.

« Il est parti, mais je lui ai écrit, je lui écrirai des lettres tendres, de belles lettres d'amour qu'il lira en voyant dans son cœur mon beau visage d'autrefois. — Il m'écrira, et il m'écrira amoureux de moi. — Je me sens vivre belle auprès de lui. J'espère mourir jeune — d'ailleurs, pour lui je n'aurai pas vieilli. Il ne me reverra jamais.

« Adieu ! maintenant tu viendras me voir, — tu viendras seule. — Tu garderas mon secret vis-à-vis de ton mari lui-même. — Tu comprends que trahir ma confiance, ce serait être plus barbare que d'Apreville ; il m'a laissé une consolation, tu ne m'en laisserais pas, en m'enlevant à ton tour ma beauté dans le cœur de René, là où elle est reine, là où il importe qu'elle vive. Moi-même, recevant ses lettres, lui écrivant, ne voyant plus jamais mon visage, je retrouverai dans ses lettres ma chère beauté perdue. — Je souffrirai, mais de la souffrance des belles. — Je souffrirai de la séparation, mais non de l'abandon.

« Adieu, ma chère Julie, adieu!

« Noemi d'Apreville. »

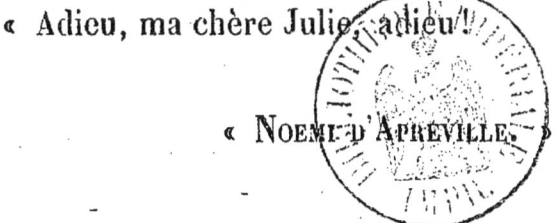

FIN.

Sceaux, imp. de Munzel aîné.

EN VENTE :

A. DE GONDRECOURT.

Les Prétendants de Catherine	5 vol.
Baron (le) la Gazette	5 vol.
Mademoiselle de Cardonne	3 vol.
Aventures du Chevalier de Pampelonne	5 vol.
La Tour de Dago	5 vol.
Le Bout de l'Oreille	7 vol.
Le Légataire	2 vol.
Les Péchés mignons	5 vol.
Médine	2 vol.
La Marquise de Candeuil	2 vol.
Un Ami diabolique	3 vol.
Les derniers Kerven	2 vol.

XAVIER DE MONTÉPIN.

La Perle du Palais-Royal		3 vol.
Confessions d'un Bohême	1re Partie.	5 vol.
Le Vicomte Raphaël	2e »	5 vol.
Les Oiseaux de Nuit	3e » (fin)	5 vol.
Les Chevaliers du Lansquenet		10 vol.
Pivoine		2 vol.
Mignonne (suite de *Pivoine*)		3 vol.
Brelan de Dames		4 vol.
Le Loup noir		2 vol.
Les Amours d'un Fou		4 vol.
Les Viveurs d'autrefois		4 vol.
Valets (les) de Cœur		3 vol.
Un Gentilhomme de grand chemin		5 vol.
Sœur Suzanne		4 vol.

PAUL DUPLESSIS.

Un Monde inconnu	2 vol.
La Senora	4 vol.
Étapes d'un Volontaire	12 vol.
1re partie, Le Roi de Chevrière	4 vol.
2e — Moine et soldat	4 vol.
3e — M. Jacques (fin)	4 vol.
Grands Jours d'Auvergne	9 vol.
1re partie, Raoul Sforzi	5 vol.
2e — Le gracieux Maurevert (fin)	4 vol.
Capitaine (le) Bravaduria	2 vol.

ALEXANDRE DUMAS FILS.

Tristan le Roux	3 vol.
Le Roman d'une Femme	4 vol.
Le Docteur Servans	2 vol.
Césarine	1 vol.
Aventures de quatre Femmes	6 vol.

EN VENTE :

G. DE LA LANDELLE.

L'Eau et le Feu.	2 vol.
Le château de Noirac.	2 vol.
Honneur (l') de la Famille.	2 vol.
Les Princes d'Ébène.	5 vol.
Falkar le Rouge (suite aux *Princes d'Ébène*).	5 vol.
Le Morne aux Serpents.	2 vol.
Les Iles de Glace.	4 vol.
Une Haine à Bord.	2 vol.
Gorgone (épuisée).	6 vol.

MARQUIS DE FOUDRAS.

Un grand Comédien.	3 vol.
Un Drame en famille.	5 vol.
Suzanne d'Estouville, (2e éd. form. Charpentier).	2 vol.
Le Chevalier d'Estagnol.	6 vol.
Diane et Vénus.	4 vol.
Madeleine Repentante.	4 vol.
Un Caprice de grande dame (format Charp.)	3 vol.
Un Capitaine de Beauvoisis.	4 vol.
Jacques de Brancion.	5 vol.
Les Gentilshommes chasseurs.	2 vol.
Les Viveurs d'autrefois.	4 vol.
Les Chevaliers du Lansquenet.	10 vol.
(En collaboration de Xavier de Montépin.)	
Madame de Miremont.	2 vol.
Lord Algernon (suite de *Madame de Miremont*).	4 vol.
Le Capitaine La Curée.	4 vol.
La comtesse Alvinzi.	2 vol.
Tristan de Beauregard (in-18 format Charpentier)	1 vol.
Un amour de Vieillard.	3 vol.
Les Veillées de Saint-Hubert.	2 vol.

JULES SANDEAU.

Catherine.	2 vol.
Valcreuse.	3 vol.
Fernand.	1 vol.
Milla et Marie.	2 vol.
Vaillance et Richard.	1 vol.
Le docteur Herbeau.	2 vol.
Marianna.	2 vol.

EN VENTE

LES MOHICANS DE PARIS
Par ALEXANDRE DUMAS. — 18 vol.

LA PERLE DU PALAIS-ROYAL
Par XAVIER DE MONTÉPIN. — 3 vol.

L'EAU ET LE FEU
Par G. DE LA LANDELLE. — 2 vol.

Les Grands Hommes en robe de chambre
Par ALEXANDRE DUMAS. — 2 vol.

UN AMOUR DE VIEILLARD
Par LE MARQUIS DE FOUDRAS. — 3 vol.

LA BOUQUETIÈRE DU CHATEAU D'EAU
Par CH.-PAUL DE KOCK. — 6 vol.

RICHE D'AMOUR
Par MAXIMILIEN PERRIN. — 2 vol.

L'INCONNU
Par PROSPER VIALON. — 2 vol.

LA FAMILLE JOUFFROY
Par EUGÈNE SUE. — 7 vol.

Impr. de Munzel frères, à Sceaux.

www.ingramcontent.com/pod-product-compliance
Lightning Source LLC
Chambersburg PA
CBHW071601170426
43196CB00033B/1513